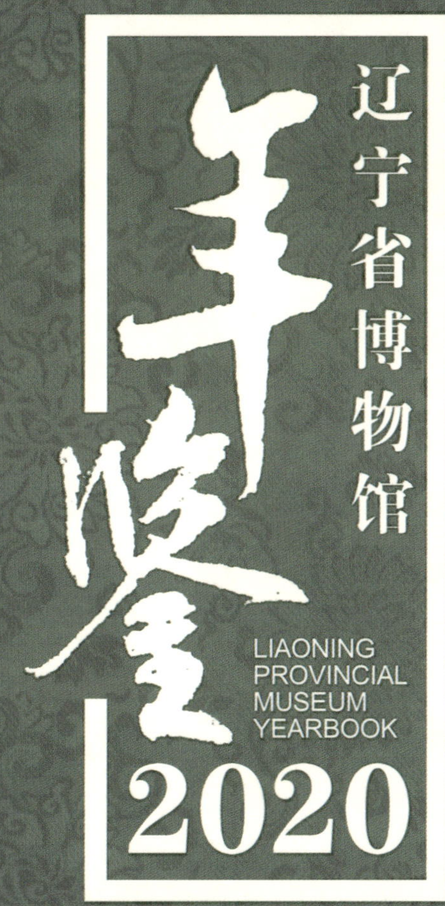

辽宁省博物馆　编

辽宁美术出版社

图书在版编目（CIP）数据

辽宁省博物馆年鉴．2020 / 辽宁省博物馆编．— 沈阳：辽宁美术出版社，2021.12

ISBN 978-7-5314-9109-5

Ⅰ．①辽… Ⅱ．①辽… Ⅲ．①博物馆—辽宁—2020—年鉴 Ⅳ．①G269.273.1-54

中国版本图书馆CIP数据核字（2021）第258532号

出 版 者：辽宁美术出版社

地　　址：沈阳市和平区民族北街29号　邮编：110001

发 行 者：辽宁美术出版社

印 刷 者：沈阳晟邦印刷包装有限公司

开　　本：889mm × 1194mm　1/16

印　　张：16

字　　数：100千字

出版时间：2021年12月第1版

印刷时间：2021年12月第1次印刷

责任编辑：张　畅

装帧设计：鼎籍文化创意

责任校对：郝　刚

书　　号：ISBN 978-7-5314-9109-5

定　　价：186.00元

邮购部电话：024-83833008

E-mail：lnmscbs@163.com

http://www.lnmscbs.cn

图书如有印装质量问题请与出版部联系调换

出版部电话：024-23835227

目录

党的十八大以来，党中央高度重视文物和文化遗产保护利用工作，习近平总书记多次强调要“让收藏在博物馆里的文物、陈列在广阔大地上的遗产、书写在古籍里的文字都活起来”，“要把凝结着中华民族传统文化的文物保护好、管理好，同时加强研究和利用，让历史说话，让文物说话”。这些重要论述，为新时代文博事业高质量发展指明了前进方向、提供了根本遵循。中共中央办公厅、国务院办公厅，和有关部门相继出台了加强文物保护利用和深化博物馆改革发展的系列文件。一系列政策文件的密集出台，里程碑式的顶层设计不断完善，为文博工作夯实了政策基础，为推动博物馆改革发展提供了保障。

辽宁省博物馆作为新中国建立的第一座大型博物馆，自2018年6月以来，按照省委公益性事业单位改革要求，以推进中华优秀传统文化传承发展为己任，深化“一家一策”改革实践，以文物展览为切入点，先后推出各类展览51个，接待观众500余万人次。系列展览掀起一波又一波宣传“辽宁有国宝、辽宁有历史、辽宁有文化”的热潮，推动辽宁省博物馆在国内外影响力日益提升，进一步擦亮了辽博文化品牌，有力提升了辽宁文化形象。多个现象级文化大展，将传统的文物展陈模式打造成为文化展览和文化传播事件，让辽宁作为文物大省和文化大省的形象更加凸显。

一年来，辽宁省博物馆深入贯彻落实习近平总书记关于文博工作重要论述和指示批示精神，严格执行文物保护法律法规，全面提升文物保护管理利用水平，着力加强党的建设、陈列展览、文物保护、藏品研究、教育传播等工作，各项工作取得明显成效，公共文化服务水平全面提升。

2020年，辽宁省博物馆重磅推出首个以传世精品展示“唐宋八大家”家国情怀和时代风貌的

馆长致辞

"山高水长——唐宋八大家主题文物展"。央视《新闻联播》报道了开幕盛况，辽宁省委书记张国清、国家文物局副局长关强出席开幕式。展览在社会各界引起强烈反响，再度成为现象级文化大展。展览荣获国家文物局2020年度"弘扬中华优秀传统文化：培育社会主义核心价值观主题展览重点推介项目""第十八届（2020年度）全国博物馆十大陈列展览精品推介活动精品奖"。国家文物局"弘扬中华优秀传统文化：培育社会主义核心价值观"主题展览座谈会在辽博举办。辽宁省博物馆还首次与中国国家博物馆联合举办"玉出红山——红山文化考古成就展"，以辽宁域内红山文化科学考古发掘的文物为基础，以红山文化研究的学术成果为理论支撑，首次系统性将红山文化出土的精美文物呈现给全国观众，展现了6500年至5000年前西辽河流域的灿烂文明。

2020年，在新冠疫情形势严峻的背景下，辽宁省博物馆积极响应国家抗疫号召，充分利用"智慧传播""云展览"等方式为观众提供多样化的线上公共文化服务，通过建立文物知识图谱与知识平台，打破博物馆服务时间和空间限制，提升博物馆公共服务质量，使广大观众能够随时随地乐享博物馆。

2020年，我们积极推动新馆全面开放，儿童体验馆5月底试开馆，"珍品馆"于11月底正式对外开放，展览内容和形式皆有所创新。至此，我馆实现了新馆的全部对外开放。

2020年，我们深入挖掘馆校合作机制，打造立体化素质教育平台。疫情期间通过"互联网＋教育"的形式，研发推出系列研学课程、趣味答题等多种线上教育活动；完成"5·18国际博物馆日"等纪念宣传活动；流动博物馆宣展车开展送展进基层活动17场；全年完成讲解2453场；举办公益讲座 11 场；志愿者团队荣获 3 项大奖。

2020 年，经过积极争取，辽宁省博物馆被评为乙级古生物化石收藏单位，成为国内重要古生物化石收藏机构，辽宁省博物馆发展定位由原来的历史艺术类博物馆逐渐向综合类博物馆转变，充分体现了改革带来的成果。

2020 年，在《2020 年度全国博物馆（展览）海外影响力评估报告》中，辽博位列“全国博物馆海外综合影响力”榜单第七位，“综合类博物馆综合影响力”榜单第六位。辽博还获评 2020 年度辽宁省文化和科技融合示范基地，入选全国第七批社会管理和公共服务综合标准化试点项目。

2021 年是“十四五”开局之年，社会经济的高质量发展为文博工作的开展提供了良好的基础条件，人民群众对美好生活的向往也对公共文化服务提出了更高的要求。辽宁省博物馆将积极坚持以人民为中心的办馆方向，进一步发挥博物馆“保护和传承人类文明重要殿堂”的作用，找到国宝与当代价值、世界意义的契合点，发挥博物馆“大学校”的作用，让文化遗产融入日常生活，发挥博物馆“连接过去、现在、未来的重要桥梁”的作用，展现辽宁悠久历史，彰显丰厚文化底蕴。

辽宁省博物馆馆长 王筱雯

2021 年

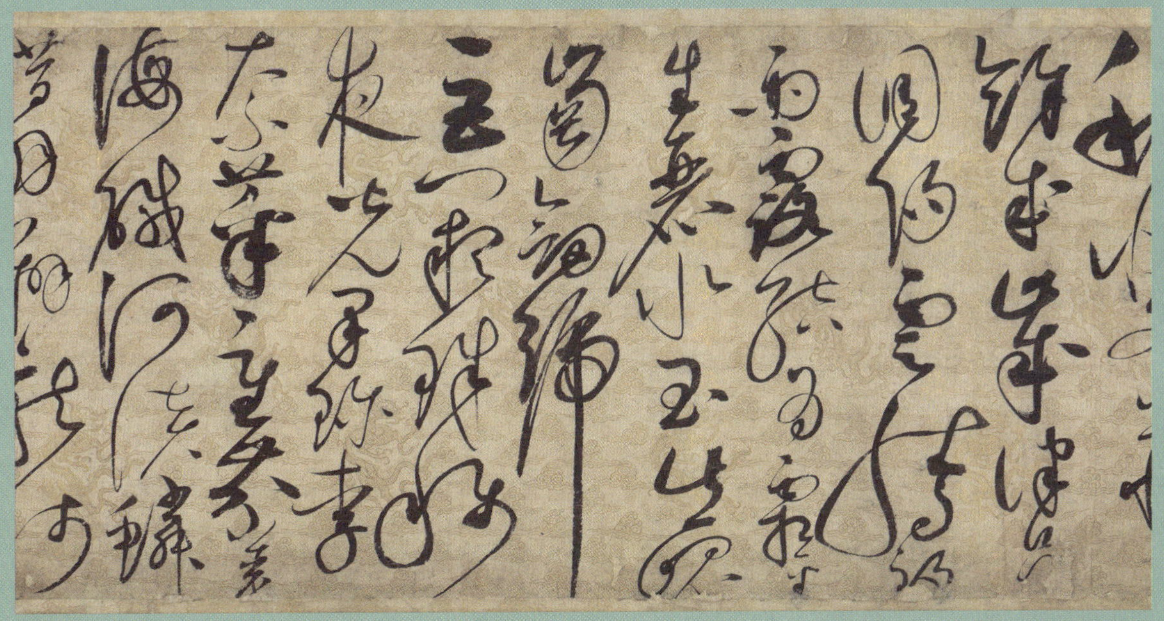

北宋　宋徽宗　草书千字文（局部）辽宁省博物馆藏

明代　沈周　魏园雅集图

一

2020年工作概述

右图 白玉猪龙
左图 象牙松下人物笔筒

2020 年是全面建成小康社会的关键之年，也是辽宁省博物馆推动文博事业高质量发展的关键之年。辽宁省博物馆在集团党委的坚强领导下，坚持一手抓疫情防控，一手抓事业建设，解放思想，开拓创新，真抓实干，狠抓落实，各项工作取得了明显成效。

一、在落实全面从严治党主体责任及党风廉政建设责任制方面取得明显成效

一年来，省博物馆党委按照党要管党、全面从严治党的要求，认真落实集团党委 2020 年党的工作暨党风廉政建设工作会议的工作部署，紧紧围绕辽博业务中心工作开展全面从严治党及党风廉政建设工作。

1. 强化政治担当，压紧压实全面从严治党主体责任。一年来，省博物馆始终把全面从严治党工作列入重要议事日程，定期召开党委会议，研究部署全面从严治党和党风廉政建设工作，做到全面从严治党和党风廉政建设工作与业务工作同部署、同落实、同检查、同考核。为加强对辽宁省博物馆全面从严治党各项工作的领导，按照集团党委要求，制定《中共辽宁省博物馆委员会落实全面从严治党主体责任清单》（辽博党字〔2020〕7 号），进一步明确馆党委领导班子和党委委员在全面从严治党工作中的责任。馆党委书记认真履行全面从严治党第一责任人职责，馆党委委员根据工作分工对职责范围内的全面从严治党工作负重要领导责任，对分管党支部的党员干部从严进行教育管理监督。

2. 加强廉政教育和警示教育，筑牢拒腐防变的思想防线。一年来，组织党员干部认真学习习近平总书记关于全面从严治党和党风廉政建设的讲话精神等，组织党员观看两次警示教育宣传片，组织开展以案促改工作，以省文物考古研究院财务管理方面的违规违纪案件为警示，教育引导党员干部严格遵守党纪国法，强化纪律意识。

3. 完善规章制度，用制度管权管事管人。加大了制度建设力度，新修订《辽宁省博物馆党风廉政建设实施细则》（辽博党字

〔2020〕16 号），制定了《辽宁省博物馆关于进一步发挥党组织作用规范议事决策程序的意见（试行）》（辽博党字〔2020〕13 号），为保证党风廉政建设各项任务的落实落地奠定了基础。

4. 严格落实中央八项规定精神，深化作风建设。馆领导班子成员认真贯彻落实中央八项规定及省委实施细则，严格执行各方面工作程序，做到重大决议、重大项目安排和大额度资金使用等问题集体研究决定。严格控制“三公经费”支出，目前“三公经费”的使用完全符合国家规定；馆纪委紧盯“春节、中秋节”等重要时间节点，对全馆党员干部提出纪律要求，严防“四风”反弹。

5. 加强意识形态责任制落实，提升阵地管控能力。一年来，我们加强了意识形态管控，加强对展览、讲座、主题活动的意识形态管理，阵地管理能力进一步加强。

二、在狠抓事业建设和改革发展方面取得明显成效

1. 陈列展览亮点突出

锻造精品，奉献人民，新馆场馆实现全部开放，陈列展览工作成绩亮眼，做到了领导满意，专家认可，观众喜欢，充分展示了集团集中力量办大事的文化改革优势和成果，也展示了博物馆在集团的领导下，展览思维从“以文物为中心”到“以观众为中心”的转变，陈列展览相关工作多次得到国家文物局和上级有关部门的肯定：

一是推出年度重大展览项目“山高水长——唐宋八大家主题文物展”。

该展览是继“又见大唐”“又见红山”展览后本馆举办的又一“现象级”文化大展。国家文物局前局长刘玉珠对展览给予高度评价，省委书记张国清出席展览开幕式并对省博物馆进行调研。展览也成功入选国家文物局 2020 年度“弘扬优秀传统文化、培育社会主义核心价值观”主题展览重点推介 20 个展览项目。推出的“文·物——中华传统文化教育展”入选主题展览推介 100 个展览项目，成为全国博物馆入选两个项目的两所博物馆之一。“唐宋八大家主题文物展”与赴中国国家博物馆展出的“玉出红山——红

山文化考古成就展”被《辽宁日报》称为2020年度辽宁文化十大关键词（高频词汇）。

此次“唐宋八大家主题文物展”，集团统筹优势资源，有力调度，共有16个机构参与筹备工作。配合展览，我馆首开夜场，七大展览供观众参观。同时，举办了“群星璀璨的历史天空”诗歌晚会，并进行线上直播。展览自开幕以来，引起中央和省内各级媒体的广泛关注，并登上央视《新闻联播》《人民日报》《光明日报》等媒体，各媒体累计报道500余次。开展一个月以来，接待观众6.9万人次，开展社教和演出活动37场，在社会各界引起强烈反响。

二是承办“弘扬优秀传统文化、培育社会主义核心价值观”主题展览座谈会。

此次座谈会是国家文物局自开展“弘扬优秀传统文化，培育社会主义核心价值观”主题展览推介活动以来，第一次举办座谈会，体现了国家文物局对我馆工作的充分肯定。来自全国各地的一百多位相关领导和专家学者齐聚我馆，共同探讨、深入挖掘核心价值观主题思想内涵，并就推动全社会形成培育和践行社会主义核心价值观的良好社会风尚进行了广泛的讨论和深入的交流。

三是赴中国国家博物馆举办“玉出红山——红山文化考古成就展”。

此次展览是辽宁出土红山文物首次系统性地在中国国家博物馆展出，是贯彻落实习近平总书记关于考古工作重要讲话精神的具体行动，也是我馆首次与国博联合举办辽宁文化精品展，揭示了红山文化在五千年中华文明进程中的关键地位和重要作用，再次向全国观众展示“辽宁有国宝、辽宁有历史、辽宁有文化”。

四是完成新馆全部对外开放工作。

儿童体验馆5月底试开馆，全年开放200余场，接待观众9500余人；“珍品馆”于11月底对外开放，展览内容和形式皆有所创新。至此，我馆实现了新馆的全部对外开放。

五是推出多个临展。

推出“‘启示——人类抗疫文明史’主题展”“物映东西——

右图 彩釉骑马俑
左图 缂丝牡丹团扇

18—19世纪海上丝绸之路上的中国制造”等十余个临展；与广州艺术博物院共同主办“扬州画派精品展”；支持地市级博物馆建设。

2. 公共服务质量得到提升

一是深入推进馆校合作机制建设，打造立体化素质教育平台。

与沈阳航空航天大学等多所高等院校和中小学建立长期良好的馆校合作关系；疫情期间通过“互联网＋教育”的形式，研发推出系列研学课程、趣味答题等多种线上教育活动，通过抖音、喜马拉雅等平台开展线上直播讲解16场；推出“唐宋八大家主题文物展”系列教育活动、特色讲解、情景短剧和微电影。

二是积极开展流动文化服务，文化惠民走进基层。

完成“5·18国际博物馆日”等纪念宣传活动；流动博物馆宣展车开展送展进基层17场；全年完成讲解2453场；举办公益讲座11场；志愿者团队荣获3项大奖。

三是打造“辽博雅集”，文创商店全面改造升级。

与集团文创中心合作，首次举办文创大赛；围绕“唐宋八大家主题文物展”等重大展览项目，与九家单位合作研发文创产品达到80余个品类，500余个种类；自“唐宋八大家主题文物展”开展以来，单日营业额最多达2.8万余元，开展一个月，销售总额近30万元。

3. 学术研究稳步推进

充分利用馆藏资源优势和学术交流平台，积极开展专业学术研究：与万卷出版社合作启动了《辽宁省博物馆精品文物大系》的编撰出版工作；王绵厚、朴文英著《中国东北与东北亚古代交通史》获2020年第七届中华优秀出版物（图书）奖；结合馆藏文物、展览等内容，撰写发表学术研究论文近40篇。

三、在严格落实文物管理、保护与鉴定工作方面取得明显成效

1. 文物征集成果显著，典藏类别趋于完善

全年征集文物近600件；经过与省自然资源厅积极争取，我馆

右图 耀州窑青瓷飞鱼形水盂

被评为乙级古生物化石收藏单位，成为国内重要古生物化石收藏机构，我馆发展定位也由原来的历史艺术类博物馆逐渐向综合类博物馆转变，充分体现了集团改革带来的优秀成果。

2. 书画文物鉴定培训班顺利举办，各项文物鉴定工作严谨细致

配合国家文物局承办“2020 年书画类文物鉴定培训班”；完成全省涉案文物鉴定工作、省内及相关地区文物进出境审核工作、省内文物拍卖标的审核鉴定工作等 60 余次。

3. 文物保护项目推进有条不紊，行业合作深度融合

与北京科技大学科技史与文化遗产研究院签署战略框架协议；完成“省文化和科技融合示范基地（单体类）”申报的答辩工作；为省文物考古研究院等单位提供文物样品检测与修复技术支持。

四、在创新宣传方式、树立崭新形象、稳步提高信息宣传工作水平方面取得明显成效

创新宣传方式，拓宽宣传渠道，宣传工作能力稳步提高：配合馆内重大展览项目与央视、《人民日报》等国内重点主流媒体合作推出文物专题报道 412 期；与辽宁经济广播《文化之旅》联合推出“电波通辽博”节目 17 期；与地铁集团开展深度合作，在向工街站和江东街站开展公益性宣传；加快推进智慧博物馆建设，启动了官网改版升级，全年点击量为 59 万人次；官方微信共发布文章 152 篇，关注人数超过 17 万；官方微博累计发布微博 237 条；深刻认识到数字化智慧化对博物馆事业发展的重要意义，加大了线上服务力度。

五、在筑牢安全防线、强化人财物支持、全力做好安全保障工作方面取得明显成效

一年来，我馆严格执行三级值班制度，组织各类安全培训及消防演练等 79 次、安全检查 14 次、专题教育培训讲座 4 次；加强人才培养，实施绩效量化管理，科学客观公正地完成职务职称聘任工作；认真贯彻落实中央八项规定和“三重一大”集体决策制度，

加大预算管理，合理使用各类专项资金；规范物资配置，加强后勤保障工作，按进度落实好预算资金的使用，加强对购买服务项目的有效监管。

六、在加强干部和人才队伍建设、提高人力资源管理能力方面取得明显成效

在集团党委领导下，我馆组建了新的领导班子，注重加强班子建设，规范班子议事决策程序，加强民主集中制，坚持集体决策，班子的凝聚力和战斗力进一步增强；实施了季度工作实绩考核工作，对表现优秀的同志予以一定奖励；启动了普通管理岗位、工勤技能岗位、专业技术正高级、副高级、中级岗位岗位聘用的推荐工作，推荐27名同志晋升高一级岗位；积极开展人才推荐工作，有2名同志分别被评为“四个一批”优秀人才和“辽宁省百千万人才工程千人层次”；有10名同志入选“可移动文物保护专家库”。

七、在历史遗留问题和巡视整改发现问题整改方面取得明显成效

一年来，我馆积极推动历史遗留问题的处理。同时，积极配合省委巡视工作，并对巡视组提出的部分工作中存在的不规范问题进行了立行立改。

2021年我馆将继续坚持深化改革，创新创制，不断推动辽宁文博事业实现高质量发展，为推动新时代辽宁全面振兴全方位振兴作出新的贡献。

元代　佚名　扁舟傲睨图

二

山高水长——唐宋八大家主题文物展

01

山高水長
唐宋八大家
主题文物展
ATOP THE MOUNTAINS

02

03

04

05

展览名称：山高水长——唐宋八大家主题文物展

主办单位：国家文物局　中共辽宁省委宣传部

承办单位：辽宁省文化和旅游厅（辽宁省文物局）
辽宁省文化演艺集团（辽宁省公共文化服务中心）
辽宁省博物馆

协办单位：中国国家博物馆　中国美术馆　上海博物馆　江西省博物馆　吉林省博物院　柳州市博物馆　宋文治艺术研究中心　辽宁省图书馆（辽宁省古籍保护中心）　辽宁省文物考古研究院　辽宁美术馆（辽宁画院）　沈阳故宫博物院　旅顺博物馆

展览时间：2020年12月2日—2021年3月28日

展览地点：辽宁省博物馆3楼20号、21号、22号展厅

01、02 海报
03～05 展览现场
06 全景轴侧图

展厅概况

展览使用辽宁省博物馆三楼 20、21、22 三个展厅

	展厅面积（平方米）	展柜数量（个）	沿墙展柜——展线（米）
第一部分：文垂千载	1217.5	15	119
第二部分：德行笃定	1293.4	17	152
第三部分：家国情怀	1227.2	12	116
合计	3738.1	44	387

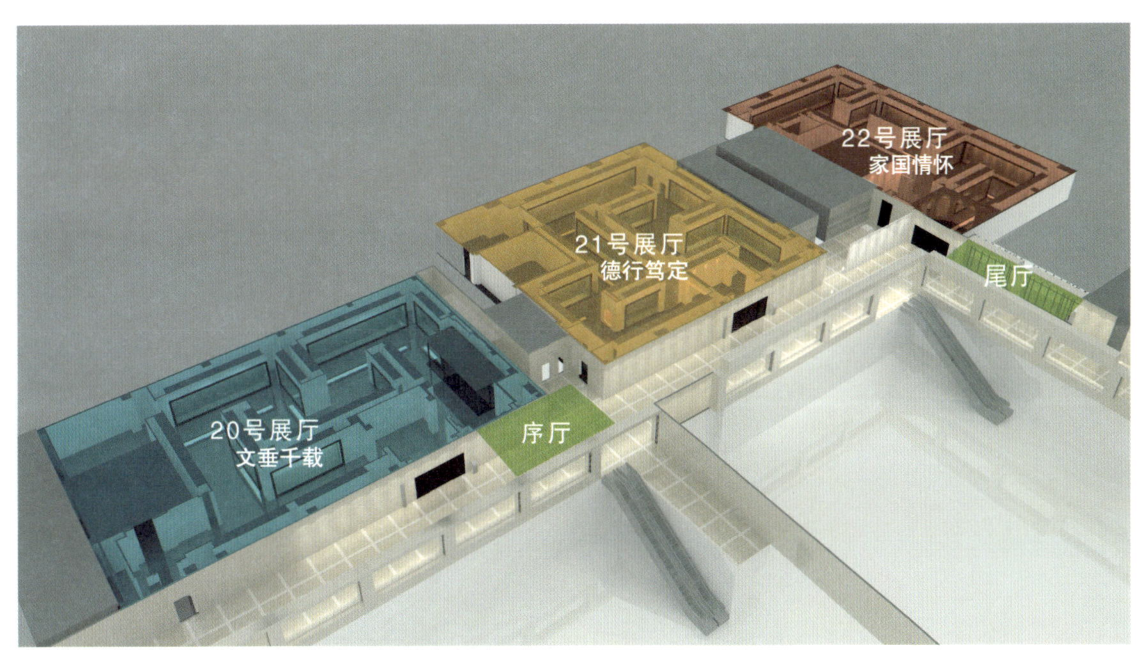

06

展览前言

此乃昆仑，

此乃泰山，

此乃华夏文明的精神之巅。

“唐宋八大家”作为中国古代文化最负盛名的矩阵，历经风霜砥砺，千古传唱，万世流芳。

中唐万邦来朝，韩愈和柳宗元互为激赏，双峰并峙。韩文横贯江天，柳文浑灏流转，一洗魏晋骈文的艳丽虚浮，掀起“辞人咳唾，皆成珠玉”的古文运动。欧阳修的“醉翁之意”并非以宗师自居，八大家的另外五席由他来倾心推送。苏洵以布衣之身承前启后，曾巩躬耕乡野二十余年而一鸣惊人，

01 

王安石两度罢相而矢志不渝，苏辙衣带渐宽而疏荡呜咽。苏轼更是把人生升华为行云流水的诗章，为人为文均荡气回肠。七名进士，一介布衣，命运沉浮，未曾盟誓却声气相通。“唐宋八大家”之间自始至终弥漫着同僚情、父子心与师生谊。他们凭借苦读与天资的驱动，守正与开元的把控，入世与出世的双修，道统与文统的合一，独善其身而心系苍生的文化特质，因文章，缘笔墨，凭修行，持恒心，践行“先天下之忧而忧，后天下之乐而乐”的政治主张，高扬“苟利国家生死以，岂因祸福避趋之”的报国情怀，涵养“富贵不能淫，贫贱不能移，威武不能屈”的浩然正气，胸怀“鞠躬尽瘁，死而后已”的献身精神，终于抵达了道德与人格的辉煌境界，把中华文化推向了一个崭新的高度。

 02

 03

04

05

06

01 辽宁省委书记、省人大常委会主任张国清（前排中）、国家文物局副局长关强（前排右二）、辽宁省委常委、宣传部部长刘慧晏（前排左二）、辽宁省委常委、秘书长王健（前排右一）、国家文物局博物馆与社会文物司司长罗静（前排左一）出席『山高水长——唐宋八大家主题文物展』开幕活动

02 辽宁省委宣传部分管日常工作的副部长农涛在展览开幕式上致辞

03 展览开幕式现场

04 展厅主序厅

05 特色情景短剧现场

06 『山高水长——唐宋八大家主题文物展』文创产品现场制作展示

01

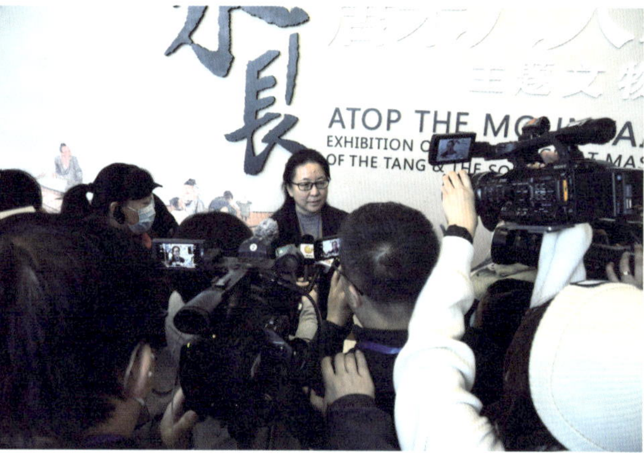

02

03

04

05

06

01 辽宁省文化演艺集团（辽宁省公共文化服务中心）党委书记、主任韩伟、党委常委、副主任王筱雯开展前对安保工作进行检查

02 辽宁省博物馆党委书记、副馆长刘宁接受媒体采访

03 观众观看展厅互动影像视频

04 沈阳市小学道德与法治学科教研员与教师组成的教育团队到馆进行课题研讨会

05 小学生参观展览

06 志愿者现场讲解

07 辽宁省委常委、宣传部部长刘慧晏在省文化演艺集团韩伟主任、王筱雯副主任的陪同下听取『山高水长——唐宋八大家主题文物展』开展前工作汇报

08 展览新闻发布会现场

09 观众现场参观

10 辽宁省博物馆副馆长董宝厚接受媒体采访

07

结束语

本次展览通过书法、绘画、古籍、碑帖等各类文物，让观者重温“唐宋八大家”的文学、书法、绘画的精湛造诣，感受他们无与伦比的艺术境界，品味他们跌宕起伏的人生百味，崇仰他们伟岸高洁的人格力量，沐浴他们光耀后世的精神光辉。

云山苍苍，江水泱泱，先生之风，山高水长。

展品目录

展品数量 115 件（辽博 84 件组、外借 29 件组、复制品 2 件）

辽博首次展出作品 53 件组

清宫散佚文物 31 件

重点推介作品 10 件

重点推介作品 10 件

08

09

10

汪洋澹泊

01 

第一部分：文垂千载

第一单元：文脉所系

1 清佚名韩愈像

2 清佚名柳宗元像

3 清佚名欧阳修像

4 清佚名苏洵像

5 清佚名苏轼像

6 清佚名苏辙像

7 清佚名曾巩像

8 清佚名王安石像

9 元赵孟頫（传）洪范授受图并楷书尚书洪范

10 南宋高宗赵构书马和之画唐风图

11 北宋李公麟（传）九歌图

12 南宋高宗赵构章草书洛神赋

13 北宋人摹顾恺之洛神赋图

 02

01 ~ 04 展厅及部分展品照片

05 南宋 高宗赵构书马和之画唐风图（局部）

06 北宋 佚名摹顾恺之洛神赋图（局部）

14 当代叶露盈洛神赋图

15 元赵孟頫行书归去来兮辞

16 明马轼李在夏芷归去来兮辞图

17 明拓大唐三藏圣教序

第二单元：古文生辉

18 明刻茅坤《唐宋八大家文钞》

19 宋刻韩愈《朱文公校昌黎先生集》

20 明刻柳宗元《唐柳河东集》

21 清刻欧阳修《庐陵欧阳文忠公全集》

22 明刻苏洵《苏老泉文集》

23 明刻苏轼《类编苏长公全集》

24 元刻苏辙《东莱标注颍滨先生文集》

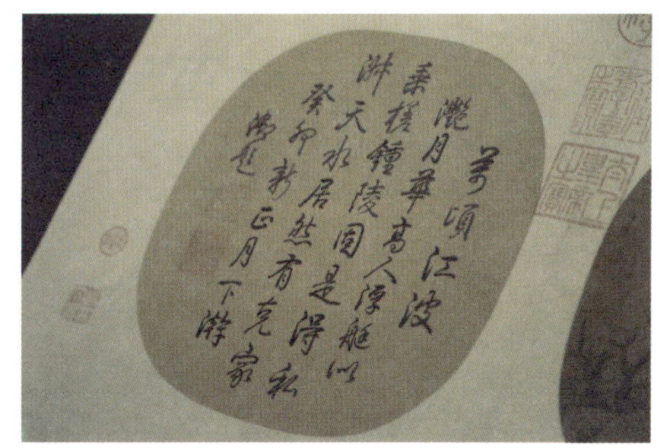

03

04

05

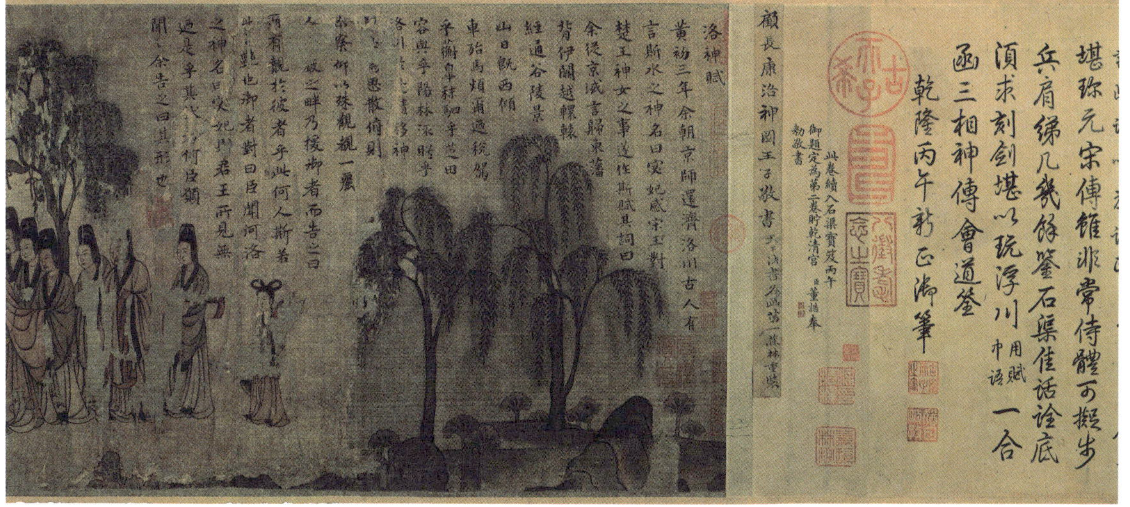

06

25 民国铅印曾巩《南丰先生元丰类稿》

26 明刻王安石《王荆公文集》

27 清阮玉铉行书朧翁诗评

第三单元：雄唐雅宋

28 明祝允明草书李白诗赋

29 明董其昌行草书杜甫高都护骢马行

30 北宋李成茂林远岫图

31 北宋徽宗赵佶瑞鹤图

32 北宋定窑白瓷雕牡丹纹盖罐

33 北宋景德镇窑影青瓷刻缠枝花纹执壶

34 北宋定窑酱釉花式盏及盏托

35 宋钧窑三足炉

36 宋绿釉划诗瓷枕

37 当代马鑫、吴大伟、杨蕙宁汴梁繁盛图（中国画）

01

02

第二部分：德行笃定

第一单元：豪健雄放——韩 愈

38 北宋徽宗赵佶（传）王济观马图

39 辽定光佛舍利

40 明吴湘韩湘子与蓝采和图

41 清永瑢蓝关宦辙图

42 清拓石鼓文

43 东晋佚名小楷书曹娥诔辞

第二单元：枯淡崔嵬——柳宗元

44 近代陆俨少永州八记图

45 当代拓柳宗元行书龙城石刻

46 当代拓北宋苏轼楷书韩愈罗池庙碑

第三单元：一代文宗——欧阳修

47 元赵孟頫（传）竹林七贤图

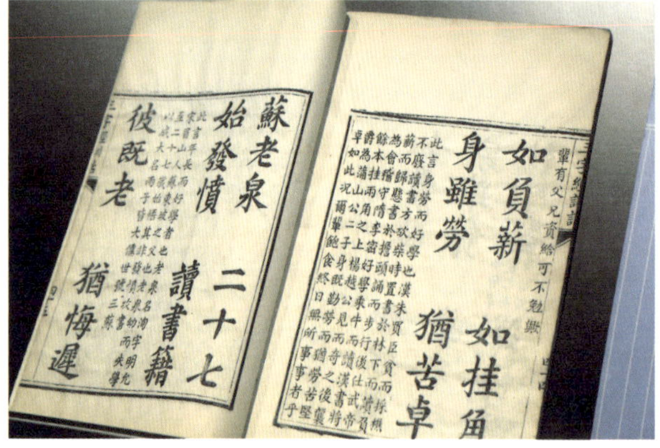

01

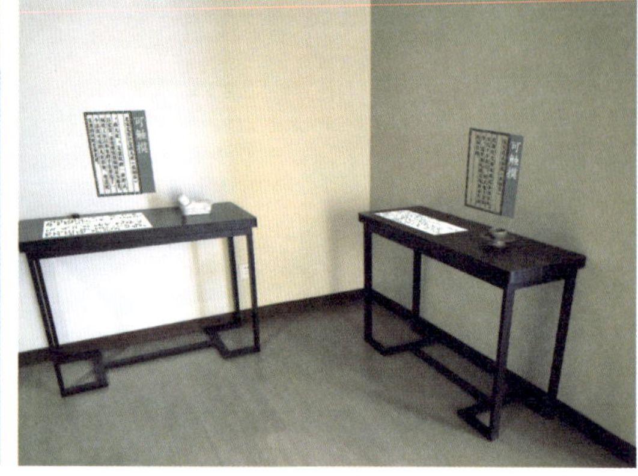

03

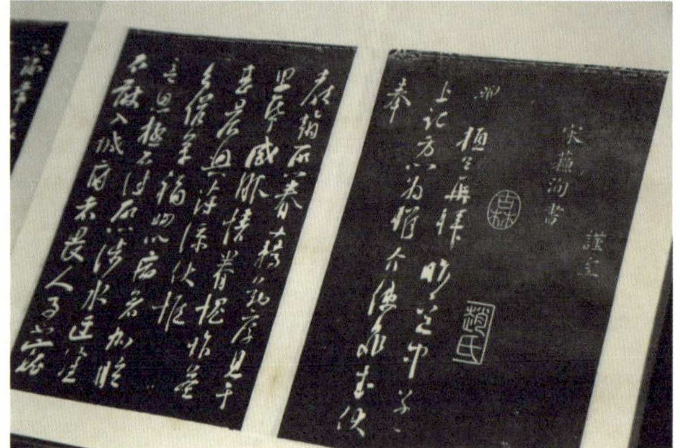

02

04

48 元赵孟頫行书欧阳修秋声赋

49 南宋刘松年秋窗读易图

50 清拓蔡襄楷书欧阳修昼锦堂记

51 宋拓苏轼楷书欧阳修丰乐亭记

52 宋拓苏轼楷书欧阳修醉翁亭记

53 明文徵明行书欧阳修醉翁亭记

54 清顾符稹醉翁亭图

第四单元：语不徒发——苏洵

55 清刻王相《三字经训诂》

56 明刻苏洵《重镌苏老泉朱批孟子》

57 清拓苏洵尺牍（三希堂法帖）

第五单元：触处生春——苏 轼

58 清拓苏轼行书赤壁赋（景苏园苏帖）

59 清拓苏轼行书黄州寒食诗（景苏园苏

05

01～07 展厅及部分展品照片

家国情怀

06

只在此山中
云深不知处
賈島
诗奴
白居易
乱花渐欲迷人眼
浅草才能没马蹄
诗豪
劉禹錫
沉舟侧畔千帆过
病树前头万木春
孟郊
诗囚
杜甫
王维
李白

07

帖）

60 清拓苏轼（传）草书赤壁怀古

61 南宋孝宗赵昚章草书后赤壁赋

62 明仇英赤壁图

63 清拓赵孟頫（传）苏轼像董其昌行书苏轼金山寺诗

64 清拓元祐党籍碑

65 清吴鼒苏轼像

66 明祝允明楷书苏轼东坡记游

67 北宋苏轼行书洞庭春色赋中山松醪赋

68 北宋苏轼行书阳羡帖

69 北宋苏轼潇湘竹石图

70 北宋苏轼、文同（传）古木怪石图、墨竹图

71 元赵孟頫行书苏轼烟江叠嶂图诗沈周文徵明补图

第六单元：汪洋淡泊——苏 辙

72 清拓苏辙行书题灵岩寺诗

73 北宋苏辙跋怀素自叙帖（复制品）

第七单元：超轶群妍——曾 巩

74 现代拓曾巩墓志并盖

75 北宋“熙宁六年”铭文砖清制砚

76 清仿宋玉兔朝元端砚

77 宋楼鑰瀛海端砚

78 北宋曾巩行书局事帖（复制品）

79 清梁诗正行书曾巩简翁都官诗

80 清曾国藩行书曾巩拟岘台记

第八单元：不世之杰——王安石

81 元鲜于枢行书王安石诗

82 元赵雍墨竹图行书王安石钟山即事诗

83 明佚名耆英胜会图

01

02

03

04

01～05 展厅及部分展品照片

第三部分：家国情怀

第一单元：文以载道

84 南宋佚名摹孝经图

85 南宋朱熹行草书尺牍并大学或问手稿

86 清拓唐开成石经

87 元拓北宋嘉祐石经

88 南宋高宗书马和之画周颂清庙之什图

第二单元：修身以学

89 明仇英（传）孔子弟子从游图

90 清拓永瑆楷书韩愈进学解

91 明拓王羲之（传）草书群鹅帖

92 清拓宋李寂篆书韩愈五箴

93 清伊秉绶行书礼义廉耻格言

94 清何绍基楷书格言八则

第三单元：孝慈齐家

95 清拓赵孟頫（传）楷书司马光家训

96 清拓孙能宽行书朱用纯治家格言

97 北宋清素传家铭文镜

98 明刻司马光《家范》

99 北宋欧阳修行书谱图序稿并诗

100 明刻苏洵、苏轼、苏辙《合诸名家评注三苏文选》

101 元赵雍澄江寒月图

102 南宋马和之月色秋声图

103 清许乃普集二苏诗

第四单元：为政以德

104 清刻吕本中《官箴》

105 明刻包拯《孝肃包公奏议集》

106 清许乃普行书侯鲭录富弼与欧阳修语

107 清顾莼楷书宋贤事汇语

108 清林则徐行书熊勉庵居官格言

109 南宋马麟荷乡清夏图

110 清王原祁西湖十景图

111 清拓乾隆书苏辙黄楼赋

第五单元：心忧天下

112 清朱拓祁寯藻楷书韩愈平淮西碑并序

113 清拓张照行书范仲淹岳阳楼记

114 当代刘勐唐宋八大家（油画）

115 当代陈鹏嘉祐二年（油画）

附借展明细：

中国国家博物馆 9 件组

中国美术馆 1 件

上海博物馆 1 件

江西省博物馆 1 件组

吉林省博物院 1 件组

辽宁省图书馆 6 件

辽宁省文物考古研究院 1 件组

辽宁美术馆 2 件组

沈阳故宫博物院 1 件组

旅顺博物馆 1 件组

柳宗元纪念馆 1 件组

深圳宋文治艺术研究中心 1 件组

张福海 1 件组

初国卿 1 件组

叶露盈 1 件组

01

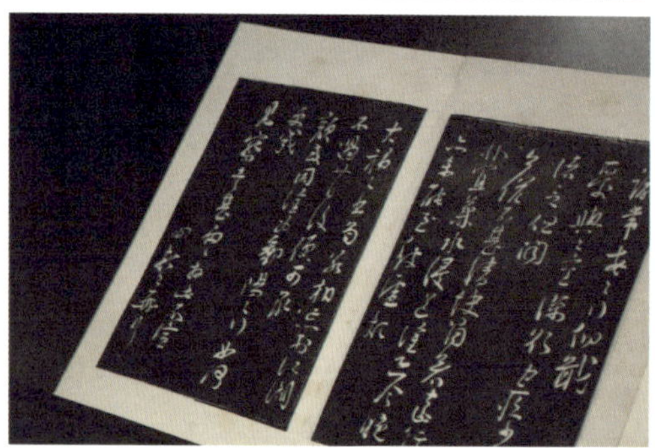

02

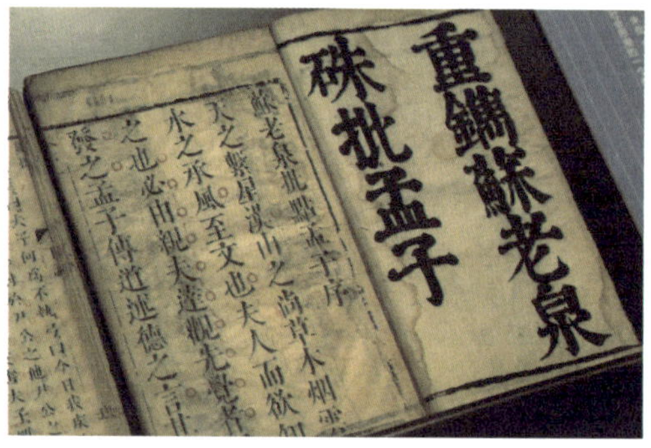

03

04

01~04 展厅及部分展品照片

陈列结构

<table>
<tr><td rowspan="20">山高水长——唐宋八大家主题文物展</td><td>序厅</td><td>前言</td></tr>
<tr><td rowspan="3">第一部分：文垂千载
（20号展厅）</td><td>第一单元：文脉所系</td></tr>
<tr><td>第二单元：古文生辉</td></tr>
<tr><td>第三单元：雄唐雅宋</td></tr>
<tr><td rowspan="8">第二部分：德行笃定
（21号展厅）</td><td>第一单元：豪健雄放——韩 愈</td></tr>
<tr><td>第二单元：枯淡崔嵬——柳宗元</td></tr>
<tr><td>第三单元：一代文宗——欧阳修</td></tr>
<tr><td>第四单元：语不徒发——苏 洵</td></tr>
<tr><td>第五单元：触处生春——苏 轼</td></tr>
<tr><td>第六单元：汪洋淡泊——苏 辙</td></tr>
<tr><td>第七单元：超轶群妍——曾 巩</td></tr>
<tr><td>第八单元：不世之杰——王安石</td></tr>
<tr><td rowspan="5">第三部分：家国情怀
（22号展厅）</td><td>第一单元：文以明道</td></tr>
<tr><td>第二单元：修身以学</td></tr>
<tr><td>第三单元：孝慈齐家</td></tr>
<tr><td>第四单元：为政以德</td></tr>
<tr><td>第五单元：心忧天下</td></tr>
<tr><td>尾厅</td><td>结束语</td></tr>
</table>

成果回顾

“山高水长——唐宋八大家主题文物展”在海内外产生广泛影响，赢得了业内专家学者和广大观众的一致赞誉，成为继“又见大唐”“又见红山”展览后辽宁举办的又一现象级大展。展览将传统的文物展陈模式打造成文化传播事件，为新时代文物展览工作提供了辽宁模式的范本。

作为首个以传世精品展示“唐宋八大家”家国情怀和时代风貌的主题文物展，展览一开幕就获得了全世界的瞩目，即便在中途遭遇沈阳突发疫情的不利因素，仍未挡住观众的参观热潮。

中共辽宁省委书记张国清同志出席开幕式并参观展览，央视《新闻联播》报道了开幕盛况；近

5万外地观众来到辽宁专程看展，来自16个国家和地区的外宾慕名参观展览，全国各省、自治区、直辖市文物局负责同志和博物馆馆长到辽博调研学习，最高日参观流量达7800人次，是平时流量的7.8倍，累计参观总量25万人次，其中50%是未成年人观众；在《中国日报》全平台直播的开幕式夜场活动点击量达744万，与人民网合作的“走进唐宋八大家公开课”，中小学生观看量超300万人次；《人民日报》、《中国日报》、《光明日报》、新华网等权威媒体原创深度报道750余次；央视、新华社、辽宁卫视等直播活动亮相网络，累计观看量超过千万。

展览引发了观众强烈共鸣，留言总数达6000余条。泰国留学生王丽华说：“我为能如此接近中国古代灿烂的文化感到非常幸运。”观众小雪的感言写满了两张纸：“近距离地感受八大家的精神世界，我为我们中华传统文化感到骄傲和自豪。”

这是一次难得一见的文化盛宴。展览汇聚了与八大家有关的115件展品，其中珍贵文物占比达50%，包括辽博的《宋人仿顾恺之洛神赋图》卷、《北宋徽宗赵佶瑞鹤图》卷、《东晋佚名曹娥诔辞》卷等国宝级书画，辽宁省图书馆宋刻本《朱文公校昌黎先生集》等6部古籍，都堪称一眼千年。

这是一次弘扬中华优秀传统文化、提升公众文化自信的成功实践。展览通过“文垂千载”“德行笃定”和“家国情怀”三个篇章，再现了“唐宋八大家”高山仰止的思想高度和绵延千载的生命能量，唤醒了沉睡的文物，为观众提供了有关世界观、人生观、价值观的有益参考，激发起观众对中华文化的强烈认同。

这是一次提升辽宁形象的有益探索。两年之内3场大展，让辽宁作为文物大省和文化大省的形象更加凸显，115件展品中绝大多数来自省博物馆、省图书馆以及省内文博机构，再次充分证明了“辽宁有国宝，辽宁有历史，辽宁有文化”。

主要做法

从“又见大唐”现象到“唐宋八大家”现象，不仅在辽宁文博界绝无仅有，在全国也难得一见。成功的关键在于我们始终遵循“以人民为中心”的办展宗旨，让文物活起来，火起来。

立意上高端策划，深挖内涵，阐释展览的时代价值。围绕展览，我们邀请多学科专家进行头脑风暴，挖掘文物背后超越时代的文学价值和思想价值，将珍贵的文物藏品、数十万字展览说明与近千幅图板、图表相结合，诠释了“唐宋八大家”从文学艺术成就到思想品格风骨的全貌。展览中苏轼杭州抗疫的故事引发今人共鸣，医务工作者石岩留言说：“苏轼抗疫与当下中国人民英勇抗击疫情的伟大实践形成了呼应。展览成功打通了时间的隔阂，弘扬时代精神，这就是讲好中国故事。”

策展上多维构筑，发挥合力，丰富展览的艺术价值。展览整合省文化集团16家机构资源，由文博机构提供展品，艺术院团举办专题文艺演出，研究部门办讲座、搞论坛等，以提高放大“化学反应”进行文化传播；展览以数字化丰富展陈形式，打造“云”观展模式，满足观展需求；与教育部门合作打造“博物馆课堂”，举办7大类16项社教活动累计206场，受众3万余人；举办3次夜游博物馆活动和夜场文艺演出，为观众提供不一样的观展体验；研发 400 余种文创产品，销售收入达 100 万元；出版展览图录，分别印制的精装本和平装本深受学界和观展群众的喜爱；举办唐宋八大家展览国际研讨会升华展览学术深度。种种多维策展手段在丰富展览艺术价值之上，更提升了观展体验。

宣传上创新传播手段，打造平台，放大展览的社会价值。宣传中我们注重把握传播规律，全媒体覆盖，精准落地。利用新媒体实现广泛传播，微博专题超话达到 550 余万阅读量；利用传统媒体进行深度报道，与国家级媒体联动进行密集报道，对外报道吸引众多海外人士关注；采用网络直播、网红打卡地营销等互联网手段，吸引各年龄段群体的关注。

经验与体会

发挥博物馆“保护和传承人类文明重要殿堂”的作用，找到国宝与当代价值、世界意义的契合点。“又见大唐”展唤起了观众的盛世情结，“又见红山”展让观众看到了辽宁在中华文化谱系中的位置与价值，“唐宋八大家”展让观众感受到了中华文化的高峰，一次好的展览就是要让文物与观众之间产生共鸣，一个好的博物馆就是为社会打造以史为鉴的文化殿堂。

发挥博物馆“大学校”的作用，让文化遗产融入日常生活，实现从文物展到文化展的升华、学术性与普及性的统一。文物不只是见证历史的藏品，更是滋养文化血脉的“甘泉”，一个观众喜欢、专家认可、领导满意的好展览，能让更多人触摸历史脉搏、感知文化魅力、增强文化自信。

发挥博物馆“连接过去、现在、未来的重要桥梁”的作用，深耕辽宁文化资源。辽宁历史悠久，文化底蕴丰厚，红山文化、三燕文化、辽金文化、清前文化厚重灿烂，工业文化、英模文化、民间文化、河海文化异彩纷呈，利用丰富的文化资源将大展办好，让世人充分领略辽宁文化的深度、广度和高度，是办展者的文化责任和文化自觉。

下一步，我们将继续守正创新，砥砺前行，围绕建党 100 周年，策划推出更多能够代表辽宁时代风貌和文化底蕴的精品展览。

清代　石涛　古木垂荫图

党建工作

01 馆领导班子理论学习中心组集中学习

02 党的十九届五中全会精神宣讲会

03、04 第一、第二党支部学习照片

党建工作

2020 年，在辽宁省文化演艺集团（辽宁省公共文化服务中心）党委的领导下，辽宁省博物馆党委认真学习贯彻习近平新时代中国特色社会主义思想，深入贯彻党的十九大和十九届二、三中、四中、五中全会精神，把党的政治建设放在首位，以高质量发展为标准，以提升组织力为重点，以全面从严治党为保障，紧紧围绕举办现象级文化大展等业务中心工作开展党建工作，统筹推进疫情防控和博物馆事业发展。

一、以党的政治建设为统领，纵深推进全面从严治党

（一）**加强意识形态工作，严格把控意识形态阵地。**馆党委将意识形态工作纳入重要议事日程，2020 年 7 月集团对我馆领导班子成员进行任免后，重新组建了辽宁省博物馆意识形态工作领导小组，制定出台了《辽宁省博物馆意识形态工作责任制实施细则（试行）》。馆党委每个

01

02

03

04

季度召开一次意识形态分析研判会议，对陈列展览、网络媒体、两微一端、出版物、讲座论坛、社会教育活动、文创产品开发等容易出现问题的风险点进行全面细致排查，及时向集团党委上报半年、全年意识形态工作总结。

（二）加强政治学习，强化理论武装。思想是行动的先导，馆党委把学习贯彻习近平新时代中国特色社会主义思想作为最首要、最突出的政治任务，充分发挥馆领导班子理论学习中心组的带头作用，制订《2020年辽宁省博物馆领导班子理论学习中心组学习计划》，及时传达学习中央、省委和集团党委的重要会议和文件精神，重点学习领会党的十九届五中全会精神和习近平总书记关于东北、辽宁振兴重要讲话精神和指示批示精神，全年共开展12次集中专题学习。开展党的十九届五中全会精神学习，组织党员干部参加《开启全面建设社会主义现代化国家新征程》宣讲报告会。各党支部组织党员学习党章党规、习近平总书记关于文物工作重要论述和重要指示批示精神、省委十二届十四次全会、十五次全会精神等，营造了良好的学习氛围。

（三）组织开展丰富多彩的思想政治教育活动。组织开展“庆祝中国共产党成立99周年主题党日活动”；组织开展“强素质·作表率”主题读书活动；组织党员观看主旋律电影《我和我的家乡》《外来书记》；组织开展“线上学雷锋活动”；组织党员观看“习近平总书

01

02

03

01、02 第三、第四党支部学习照片

03、04 参观致敬最可爱的人——纪念中国人民志愿军抗美援朝出国作战 70 周年档案文献展览

05 集中收看纪念中国人民志愿军抗美援朝出国作战 70 周年大会直播

04

05

01

01 参加集团党委举办的党务工作人员培训
02 开展庆祝中国共产党成立 99 周年主题党日活动
03 『疫情就是命令 防控就是责任』宣传板报
04 新制定的 6 个党建制度

记在纪念中国人民志愿军抗美援朝出国作战 70 周年大会上的讲话”直播；组织党员干部职工参观“致敬最可爱的人——纪念中国人民志愿军抗美援朝出国作战 70 周年档案文献展览”。

（四）加强党员干部培训。馆领导班子成员参加集团 2020 年党的工作和党风廉政建设工作会议；馆党委书记、各支部书记及支部委员共 14 人参加集团举办的“党务工作人员培训班”；馆纪检干部 3 人参加省文化和旅游厅纪检监察组举办的“纪检监察干部业务培训班”；馆领导班子成员、各支部书记共 8 人参加集团举办的“党的十九届五中全会精神专题报告会”；馆党委书记、党务干部 2 人参加集团举办的“意识形态工作专题培训会”。通过以上学习培训，增强了党员干部的思想政治素质和理论水平，切实增强“四个意识”，坚定“四个自信”，做到“两个维护”，提高了干事创业的精气神。

（五）发挥基层党组织政治功能，坚决打赢疫情防控阻击战。2020 年 2 月，在全馆居家办公期间，馆党委组织党员自学习近平总书记关于统筹推进新冠肺炎疫情防控指示批示精神；制作了“疫情就是命令、防控就是责任”宣传板报；组织全馆在职和离退休党员自愿为疫情防控捐款合计 8500 元，其中一名党员自愿缴纳 1000 元特殊党费用于支

02

持防疫工作，充分发挥了基层党组织的战斗堡垒和党员先锋模范作用。

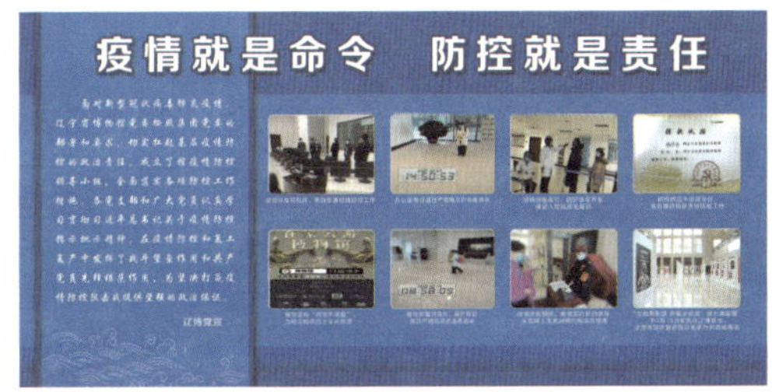

03

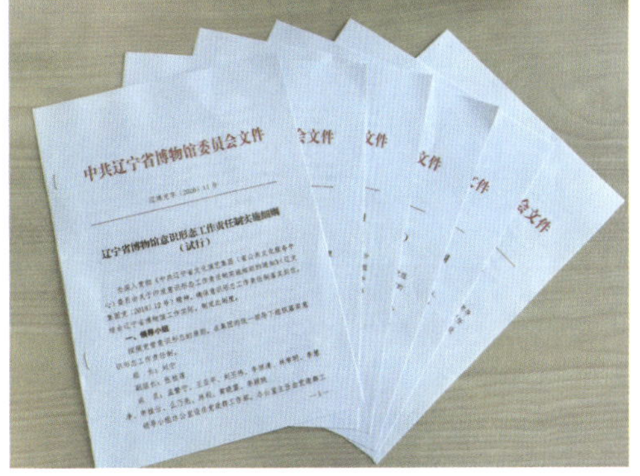

04

二、加强党建制度建设，不断提升党建工作质量

（一）**制定、完善党建工作制度**。2020 年我馆制定了《中共辽宁省博物馆委员会落实全面从严治党主体责任清单》《中共辽宁省博物馆委员会职责范围（试行）》《中共辽宁省博物馆纪律检查委员会职责范围（试行）》《辽宁省博物馆关于进一步发挥党组织作用规范议事决策程序的实施细则（试行）》《辽宁省博物馆意识形态工作责任制实施细则（试行）》《辽宁省博物馆理论学习中心组学习制度（试行）》6 个党建制度，修订了《辽宁省博物馆党风廉政建设实施细则》，为规范化、科学化开展党建工作奠定了制度基础。

01

（二）**严格落实组织生活制度**。严格落实《新形势下党内政治生活若干准则》，馆党员领导干部严格落实双重组织生活制度，全年参加党支部组织生活达到6次以上，召开2020年辽宁省博物馆领导班子民主生活会。各支部能够认真贯彻"三会一课"，组织生活会、谈心谈话、民主评议党员等制度，突出政治学习，将每名党员都纳入党组织有效管理。

（三）**扎实推进"两学一做"学习教育常态化制度化**。不折不扣地落实省直机关"两学一做"学习教育每个季度工作安排和集团每月党建工作安排。各党支部按照时间节点跟进学习习近平总书记最新讲话精神、上好专题党课、开展主题党日、学习先进典型等各项学习教育任务。全年组织党员观看抗疫先进典型党课视频1次；观看纪实片《使命》党课视频1次；馆党员领导干部在所在党支部上党课1次；党支部书记上党课1次。通过学习教育，提升了党员干部的政治站位和理论修养。

01 组织党员上党课：观看抗疫先进典型的党课视频
02、03 馆领导慰问生活困难党员
04 流动博物馆开展『送展进基层活动』，送展走进文艺二校行知校区
05 流动博物馆开展『送展进基层活动』，送展走进康平教育集团

（四）持续巩固“不忘初心、牢记使命”主题教育成果。辽宁省博物馆“不忘初心·牢记使命”主题教育专题民主生活会共梳理检视出7个问题，2020年已经全部完成了整改。2020年8月14日我馆公布实施了《辽宁省博物馆考勤管理办法（试行）》《辽宁省博物馆季度工作实绩考核实施办法（试行）》，严格考勤制度。

三、加强组织建设，筑牢战斗堡垒

（一）健全基层组织。党的基层组织是党的全部工作和战斗力的基础。2020年年底，我馆共有5个党支部（其中在职党支部4个、离退休党支部1个）；共有党员91人（其中在职党员68人、离退休党员23人）；党委委员5人。3个在职党支部下设10个党小组，每个党支部设支部委员3~5人，每个党小组设组长1人。

（二）积极推进党支部标准化规范化建设。按照《辽宁省省直机关党支部工作条例（试行）》及集团党委要求，开展了党支部标准化规范化评估定级工作。馆党委对党支部工作进行调度检查1次，集团党委对党支部工作进行调度检查1次，党支部工作全部达标。通过评估定级考核工作，增强了党支部和党员创先争优的积极性主动性，突出了党支部战斗堡垒作用。

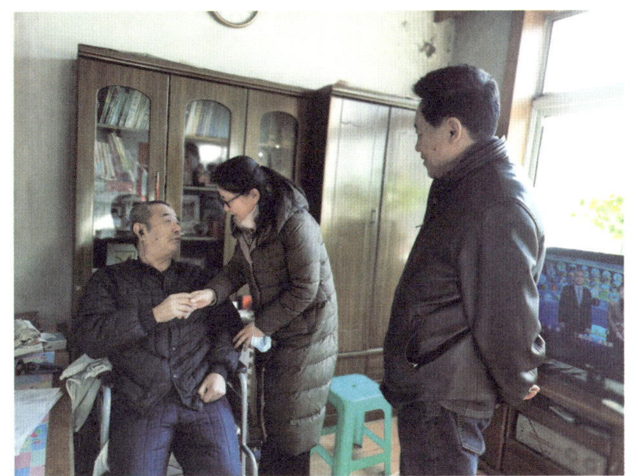
02

03

04

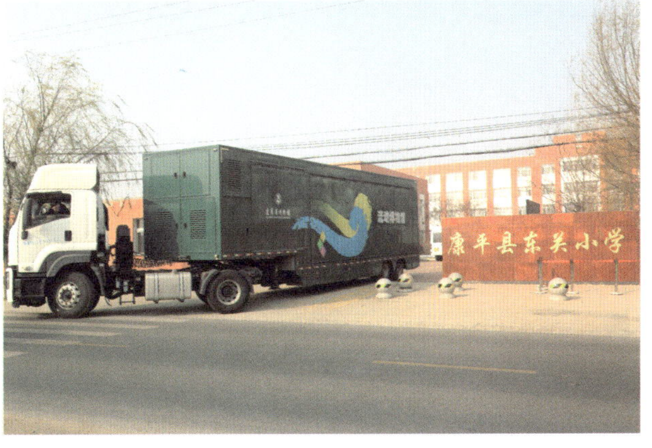

05

（三）**加强党员教育管理监督工作**。2020年共转入3名党员，转出3名党员。严格按照组织发展的规定和程序，新发展1名预备党员，新确定3名同志为入党积极分子。党员在每个月的党日主动缴纳党费，全年党费合计22549.5元（其中在职党费19464.5元；离退休党费3085元）。馆党委委员在春节前走访慰问2名退休困难党员，帮助他们解决实际困难。

（四）**推动党建工作与业务工作深度融合**。以“流动文化服务”“共产党员先锋工程”“学雷锋学郭明义示范岗”为载体，积极探索党建工作与业务工作相融合、相促进的有效方式。全年，流动博物馆开展“送展进基层”活动17场，取得了良好的社会反响。馆第三党支部以筹备策划“文·物——中华传统文化教育展”为“共产党员先锋工程”，组织公共服务部、信息宣传部党员成立项目小组。先锋工程是2020年我馆党员服务群众、发挥先锋模范作用的探索，取得了明显成效，对于全面提升辽博公共文化服务质量、满足群众文化需求发挥了重要作用。

四、加强作风建设，营造良好政治生态

（一）**强化党风廉政建设**。馆党委召开2020年党风廉政建设专题会议，专题研究1次党风廉政建设和反腐败工作，

01、02 观看警示教育片
03 『唐宋八大家主题文物展』青少年历史文化专题讲座
04 馆领导班子成员张力到葫芦岛市绥中县永安堡乡调研
05～07 送教育活动走进丹东东港市前阳镇中心小学

01

02

压紧压实党风廉政责任。开展廉政教育活动，组织党员干部认真学习十九届中央纪委四次全会和省纪委十二届五次全会精神，学习《中国共产党纪律处分条例》《中国共产党问责条例》等。加强节日廉政教育提醒，组织党员干部参加廉政警示教育培训，组织党员观看警示教育片《叩问初心》2次，组织开展以案促改工作，教育引导党员干部知敬畏、明底线、守纪律。

（二）**严格落实中央八项规定精神**。馆党员干部能认真贯彻落实中央八项规定及省委实施细则，严格执行各方面工作程序，做到重大事项决策、重要干部任免和大额度资金使用等问题集体研究决定。严格控制“三公经费”支出，目前“三公经费”的使用完全符合国家规定；按照集团纪委要求，对我馆办公用房使用情况进行自查并上报，对办公用房超标问题进行整改。馆纪委紧盯“春节、中秋节”等重要时间节点，对全馆党员干部提出纪律要求，严防“四风”问题反弹。

（三）**深化“党建+营商环境建设”工作**。优化窗口服务，开展“营商就是我们自己”省直机关在行动工作。向集团党委推报优秀案例1次。以“山高水长——唐宋八大家主题文物展”的成功举办为新的发展契机，12月2日展览开幕当天首次举办夜场活动，下大力气开发近百个品类的文创产品，设置观众打卡地上演情景剧，配合展览拍摄微电影《文人少年派》等，受到广大观众的一致好评。展览的成功举办树立了辽宁文化窗口单位的良好服务形象，提升了集团品牌形象，使“人人都是营商环境，事事关系营商环境”理念深入人心。

03

04

05

06

07

（四）**抓好驻村扶贫工作**。2020 年是脱贫攻坚决战决胜之年，辽宁省博物馆张强、谢华、张鹏飞、李沫、张锋 5 名同志获得集团脱贫攻坚嘉奖。馆党委积极响应集团党委《关于捐赠衣物助力脱贫攻坚献爱心倡议书》，组织党员干部为村镇贫困家庭捐赠衣物 109 件。馆领导班子成员带队到丹东东港市前阳镇调研扶贫工作 1 次，到葫芦岛市绥中县永安乡调研扶贫工作 1 次，看望我馆选派的 4 名驻村干部，了解扶贫工作的进展情况、存在的问题以及他们在工作、生活上的困难。为解决村委会办公用品紧缺问题，辽宁省博物馆赠送了打印机、纸张等办公用品，助力驻村干部开展扶贫工作。

五、加强党对统战群团工作的领导，凝聚干部职工的智慧和力量

馆党委注重加强对统战、工会、共青团、妇女组织的领导，积极支持他们依照各自章程独立负责地开展工

01 职工健步走活动

02 为观众提供社会教育服务活动

03、04 统战工作座谈会

05 『国际博物馆日』流动博物馆进行广场宣传

01

02

03

04

05

作。2020 年年底我馆有民主党派人士 2 人、无党派人士 2 人；工会委员 13 人，工会会员 166 人；团委委员 4 人，团员 4 人。

组织召开 1 次统战座谈会，选派 1 名无党派人士参加集团党外人士座谈会，为集团改革发展建言献策，贡献智慧力量。支持各民主党派、无党派人士深入开展爱国主义教育，引导党外人士深入学习贯彻习近平新时代中国特色社会主义思想，不断巩固共同思想政治基础。

01 职工文体活动

02～04 组织参观沈阳抗美援朝烈士陵园纪念馆

工会工作

2020 年，我馆工会认真落实《辽宁省基层工会经费收支管理办法实施细则》，加强和规范工会经费收支管理，无违规违纪情况发生。做好工会经费的预算决算，按时足额上缴工会会费。认真填报辽宁省工会统计年报调查表。将省级机关工委拨付的疫情经费及时用在抗疫防疫工作上。

工会以建设“职工之家”为龙头开展各项活动，坚持“五必访”制度，全年共探视、慰问职工 11 人次；为职工购买体检卡，组织女职工进行妇科体检，结合疫情防控的情况组织开展健康讲座，讲解新冠病毒的相关知识、慢性病的预防及改善、中医养生、职业病的预防和改善。通过课程提高了广大职工的健康意识，形成了人人关爱生命、重视健康的良好氛围。同时组织全体职工在莫子山公园进行健步走比赛，培养了团队合作精神，锻炼了身体和意志，增强了职工的凝聚力。

将组织温暖送到职工心坎，认真做好春节、“五一”、端午等节日期间职工慰问品、职工福利的发放工作。

在省直机关工委平台上为新入馆职工建立电子信息，组织工会干部学习

01

《工会法》《劳动法》等法律法规，提升工会干部的政治意识、创新意识、群众意识、责任意识和服务意识。发挥工会桥梁纽带作用，组织职工代表为辽博事业高质量发展找对策，收集好建议、好点子。

组织职工积极参加省直机关工委及集团工会的各项活动。按照省直机关工委关于纪念中国人民志愿军抗美援朝出国作战70周年相关活动要求，组织全体会员参加主题美术、书法、摄影作品展。组织职工观看《八佰》和《金刚川》并到沈阳抗美援朝烈士陵园参观，缅怀烈士。开展“迎新春”职工羽毛球比赛及健步走等文体活动。组织开展纪念三八国际劳动妇女节系列活动，关心关爱女职工生活。

02

03

04

01 『爱我家乡 绿化辽博』义务植树
02 为观众提供讲解服务
03 为观众发放防疫宣传手册
04 召开『弘扬五四精神 肩负时代使命』主题团会

团委工作

2020 年，馆团委在党委的领导下，深入贯彻落实党的十九大和十九届五中全会精神，以“引导青年、凝聚青年、服务青年”为工作目标，强化团员青年思想素质教育，增强组织凝聚力，团结带领团员青年努力拼搏，积极投身辽博中心工作，全面完成了各项工作任务，较好地发挥了生力军和突击队作用。

3 月是学习雷锋活动月，馆团委组织团员青年配合疫情防控工作，开展了以“弘扬雷锋精神 争做时代先锋”主题纪念宣传活动。一是撰写《弘扬雷锋精神 争做时代先锋》主题文章，纪念雷锋同志，传承雷锋精神，激励团员青年争做时代先锋；二是认真学习共青团中央关于投身疫情防控和继续充分发挥生力军突击队作用，统筹做好服务大局服务青年工作文件精神；三是参与辽宁文化共享频

01

道开展的“雷锋精神”系列展播活动和“在网上向雷锋墓敬献花篮活动”，得到了团员青年的积极响应；四是充分利用“学习强国”平台，学习“抗击新冠肺炎疫情一线人物”的感人事迹；五是发出《倡议书》，号召团员青年以新时代雷锋精神为指引，自觉参与志愿服务活动，为坚决打赢疫情防控阻击战贡献力量。

馆团委开展纪念“五四”爱国主义运动101周年——“弘扬五四精神　肩负时代使命”主题活动。一是5月4日组织团员青年在线参加共青团中央“让青春为祖国绽放”和团省委“绽放战疫青春　坚定制度自信”网上主题团日活动。二是5月6日召开“弘扬五四精神　肩负时代使命”主题团会；深入学习习近平总书记在纪念五四运动100周年大会上的讲话精神；向团员青年发出了“弘扬五四精神　肩负时代使命”的倡议，激励青年团员要在辽博窗口服务工作中树立服务意识，用实际行动践行五四精神。三是组织青年团员在展厅开展义务奉献活动，向参观观众免费发放展览宣传册页和疫情防控知识宣传手册等资料。四是组织团员青年在博物馆东门外广场开展“爱我家乡　绿化家园”义务植树活动。

积极参与我馆开展的“5·18国际博物馆日”和“文化和自然遗产日”“流动博物馆”广场宣传活动，团员青年各负其责，积极主动地为观众服务。

团员青年积极参与到我馆举办的“山高水长——唐宋八大家主题文物展”等重大展览的各项工作中去，立足本职，创先争优，表现出了高度的工作热情，积极发挥生力军和突击队作用。

02

03

04

清代　王原祁　早春图

四 公共服务

◎ 陈列展览

◎ 公众服务

◎ 文化创意

◎ 文化交流

◎ 新闻宣传

◎ 网络及信息化建设

陈列展览

2020 年，我馆系统挖掘中华优秀传统文化和辽宁地域文化内涵，以馆藏优质资源为出发点，积极筹备精品展览项目。总结“又见大唐”“又见红山”等现象级大展的成功经验，实施陈列展览精品工程，策划推出“山高水长——唐宋八大家主题文物展”等多个原创展览，入选国家文物局 2020 年度“弘扬中华优秀传统文化，培育社会主义核心价值观”主题展览重点推介项目，收获了各界的广泛好评，成为辽沈大地现象级文化事件。

2020年度辽宁省博物馆展览一览表

原创展览

序号	展览时间	展览名称	展览地点
1	2019年10月7日—2020年1月12日	又见大唐	三层21、22号展厅
2	2019年10月16日—2020年1月16日	又见红山	一层3号展厅
3	2020年1月17日—2020年4月	喜到新年百事多吉利	一层1号展厅
4	2020年8月8日—2020年11月8日	天半人半——纪念陈半丁逝世五十周年特展	一层1号展厅
5	2020年9月5日—2021年4月18日	文·物——中华传统文化教育展	一层3号展厅
6	2020年11月27日开展	珍品馆	一层4号展厅
7	2020年12月2日—2021年3月28日	山高水长——唐宋八大家主题文物展	三层20、21、22号展厅
8	2020年12月29日—2021年4月25日	方寸洞天——鼻烟壶精品展	一层5号展厅
9	2019年12月5日—2020年3月底	天地有情　万物吾与——郑月波绘画作品展	一层2号展厅

引进展览

序号	展览时间	展览名称	展览地点
10	2020年1月17日—2020年3月31日	瑞鼠吐金——庚子鼠年新春生肖文物图片联展	二层环廊

续表

引进展览			
序号	展览时间	展览名称	展览地点
11	2020年4月15日—2020年6月14日	“文物系荆楚　祝福颂祖国”接力海报展	一层大厅
12	2020年5月20日—2020年7月13日	启示——人类抗疫文明史展	一层1号展厅
13	2020年12月31日—2021年4月5日	物映东西——18—19世纪海上丝绸之路上的中国制造	一层1号展厅

获奖情况

1. “又见大唐”展览荣获第十七届（2019 年度）“全国博物馆十大陈列展览精品推介活动”优胜奖，并入选国家文物局 2019 年度“弘扬优秀传统文化、培育社会主义核心价值观”主题展览征集重点推介项目。

2. “山高水长——唐宋八大家主题文物展”展览荣获第十八届（2020 年度）“全国博物馆十大陈列展览精品推介”精品奖，并入选国家文物局 2020 年度“弘扬优秀传统文化、培育社会主义核心价值观”主题展览征集重点推介项目。

3. “文·物——中华传统文化教育展”入选国家文物局 2020 年度“弘扬优秀传统文化、培育社会主义核心价值观”主题展览征集推介项目。

辽宁省博物馆
山高水长——唐宋八大家文物精品展
入选2020年度“弘扬优秀传统文化、培育社会主义核心价值观”主题展览征集
重点推介项目
国家文物局
二〇二〇年八月

辽宁省博物馆
文·物——中华传统文化教育展
入选2020年度“弘扬优秀传统文化、培育社会主义核心价值观”主题展览征集
推介项目
国家文物局
二〇二〇年八月

02

03

荣誉证书
辽宁省博物馆:
又见大唐
荣获第十七届（2019年度）全国博物馆十大陈列展览精品推介
优胜奖
中国博物馆协会　中国文物报社
2020年5月18日

01

01「又见大唐」荣获第十七届（2019年度）全国博物馆十大陈列展览精品推介优胜奖证书

02「山高水长——唐宋八大家主题文物展」入选国家文物局2020年度『弘扬优秀传统文化、培育社会主义核心价值观』主题展览征集重点推介项目证书

03「文·物——中华传统文化教育展」入选国家文物局2020年度『弘扬优秀传统文化、培育社会主义核心价值观』主题展览征集推介项目证书

The Tang Dynasty is
and advanced.
ligraphic works of that
record with rich and
lines the eulogistic
the flourishing empire.
record pictures of
far reaching influence,
many countries,
and wonders of
peace of the nation and
dance of people' s
Chinese characters
people' s understanding
worldviews. The
affect this open and
society at that time,
ing the people to live
mony and paint a
sode during this
age.

唐朝国力强盛，文化发达，一卷卷墨迹，作为承载文字的最佳媒介，
用姿态万千的笔划，记录着国家兴盛、威德远播的全盛图景，万国衣
冠拜冕旒、山河壮丽、国泰民安的恢弘图景，字里行间反映出人们对
浩荡书风
Magnificent Calligraphy Styles

原创展览简介

□又见大唐

展览时间：2019年10月7日—2020年1月12日

展览地点：三层21、22号展厅

展览内容：

2019 年 10 月 7 日，由国家文物局、中共辽宁省委宣传部联合主办，辽宁省文化和旅游厅（辽宁省文物局）、辽宁省文化演艺集团（辽宁省公共文化服务中心）、辽宁省博物馆合力打造的大型文物特色展览“又见大唐”书画文物特展隆重开展。

本次展览是世界范围内首次以传世书画来呈现唐代的缤纷绚丽，展品以辽宁省博物馆收藏的与唐代有关的绘画、书法为主体，辅以唐代金器、三彩器、木器、雕塑等多种品类文物，可谓主次分明，众彩纷呈。利用最先进的数字化辅助手段，全面展现唐代的政治、经济、文化、艺术、民族融合及丝绸之路带来的中西方文化交流，体现大唐盛世的繁荣昌盛。广大观众可通过展览，全方位、多角度感悟唐代社会生活，感受那时物阜民丰、国泰民安的盛世氛围，增加民族自豪感和文化自信心。

此次展览，辽宁省博物馆不仅将馆藏唐代书画倾囊展出，还商借故宫博物院、中国国家图书馆、上海博物馆、陕西历史博物馆、河南博物院，以及辽宁省图书馆、辽宁省文物考古研究院、旅顺博物馆、朝阳博物馆等文博机构的珍贵藏品。在 100 件展品中，有 38 件国家一级文物，可谓空前，《簪花仕女图》卷、《萧翼赚兰亭图》卷、《虢国夫人游春图》卷、《万岁通天帖》、《仲尼梦奠帖》、《古诗四帖》、《论书帖》等中国书画史上的巨作赫然在列。

展览由“盛世画卷”和“浩荡书风”两大部分组成，共八个单元。

盛世画卷

唐代是中国古代仕女画发展的鼎盛时期。唐代仕女画一改前人风貌，呈现出以“丰肌为美”的审美特征，以周

01

02

03

01、02『又见大唐』展览观众参观
03、04『又见大唐』展览社教活动
05、06『又见大唐』展厅照片

昉和张萱的作品最具代表性。周昉继承前代艺术风格并发展创新，创作出《簪花仕女图》《挥扇仕女图》等独具特色的仕女画。

唐人爱马，狩猎之风盛行，马球运动风靡全国，也留下了众多以马为创作题材的艺术佳作。张萱创作的《虢国夫人游春图》真切地呈现出生活在长安的上层妇女所表现出不同于其他时代的自由、奔放、热情。

浩荡书风

唐代也是中国书法艺术发展的高峰时期，书家之多，作品之精，在中国书法史上有着浓墨重彩的一笔。从《仲尼梦奠帖》《孔子庙堂碑》《孟法师碑》可以窥见初唐欧阳询、虞世南和褚遂良确立的楷书范式，法度严谨，各具风格；从《古诗四帖》《论书帖》可以体会盛唐以张旭、怀素为代表

04

05

06

的书家开辟出的草书新境界；从《大唐中兴颂》《玄秘塔碑》可以感受中唐颜真卿、柳公权变方整劲健为雄浑肥厚，展现出的博大雄浑的盛世气象。

唐太宗李世民对王羲之近乎痴迷地推崇，确立了近千年“帖学”的基本走向。随着岁月流逝，《兰亭序》真迹是否存世已成为千古谜团，今人只能通过唐摹本来领略“书圣”的风采，而武则天命人勾摹的《万岁通天帖》则是认识王氏一门书法绕不开的传世经典佳作。

配合展览，辽宁省博物馆举办了“多维透视”和“国宝生辉”两场高端学术论坛，面向海内外网络直播；邀请国内外40余位顶级专家学者举办了“又见大唐国际学术探讨会”；围绕展览中的展品，开发了百余种文化创意工艺品；主要面对青少年群体，举办了多场丰富多彩的社会教育活动；编撰出版了《又见大唐》精美图录。

□又见红山

展览时间：2019年10月16日—2020年1月16日

展览地点：一层3号展厅

展览内容：

红山文化是辽宁省最具特色的地域文化和在国际上有影响力的史前考古学文化。为了更好地展现红山文化的独特内涵和辽宁文化遗产保护工作的丰硕成果，揭示红山文化在中华文明进程中的重要作用，由国家文物局作为指导单位，辽宁省文物局、内蒙古自治区文物局、辽宁省文化演艺集团（辽宁省公共文化服务中心）联合举办了“又见红山”精品文物展。这是迄今国内外以红山文化为视角的规模最大的一次红山文化专题展览，以辽宁省博物馆、辽宁省文物考古研究院和内蒙古自治区文物考古研究所收藏的红山文化精品文物为主体，并有数十件其他多家博物馆商借的相关展品。展览全方位展现

01 玉人
02 玉猪龙
03、04 「又见红山」展厅现场

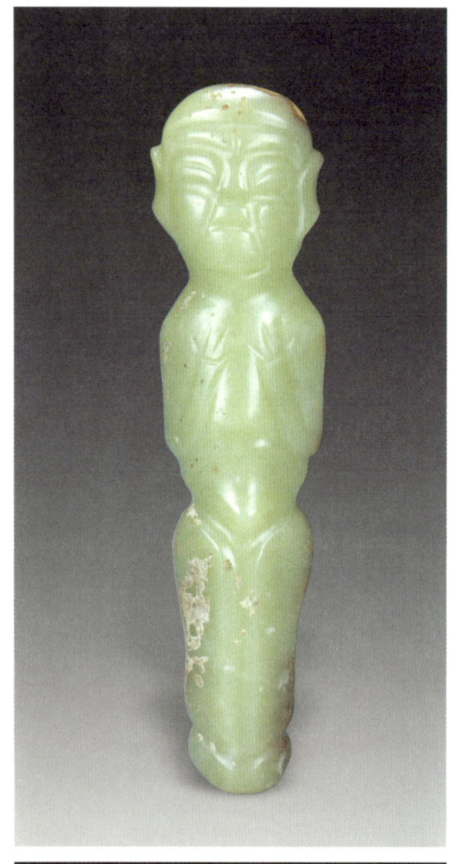

01

02

03

04

了红山文化的完整脉络和独特内涵，揭示了红山文化在中华文明进程中的重要作用，是红山文化研究工作成果的阶段性总结和汇报。

□喜到新年百事多吉利

展览时间：2020年1月17日—2020年4月19日

展览地点：一层1号展厅

展览内容：

在中国传统习俗中，每到新年，人们互相问候或赠送吉祥礼物，以传达祝福之意。历代艺术家和能工巧匠把这种祝福通过多种艺术手段表现出来，内容和风格有所不同，但始终离不开“吉祥”这一主题。

用动物、植物或其他事物，通过隐喻、比喻和谐音等象征手法，表现人们对长寿富贵、爱情美满、吉祥平安的企盼，这类含有吉利和祥瑞寓意的装饰图样或纹样，被称为“吉祥图案”。将其应用于绘画、织绣、陶瓷等艺术品

01『喜到新年百事多吉利』展览现场

02『喜到新年百事多吉利』海报

03 媒体对展览的报道

04 清 内填珐琅嵌玉葫芦瓶

05 元—明 百鸟朝凤图织锦（局部）

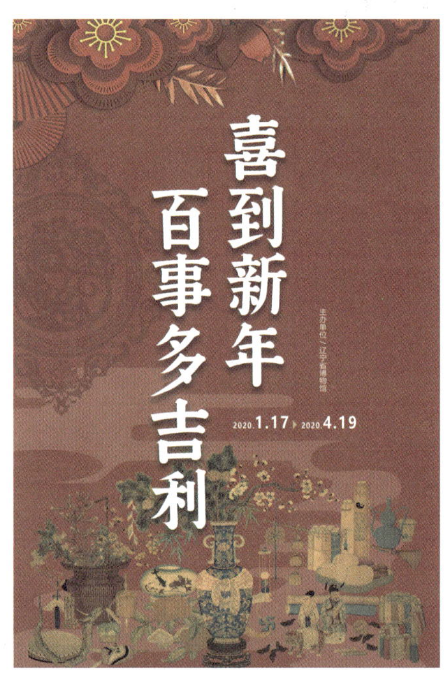

02

01

上，表达人们对幸福美好生活的渴望。

为迎接鼠年新春到来，辽宁省博物馆推出“喜到新年百事多吉利”展览，展览精选馆藏织绣、绘画及陶瓷、木雕中含有吉祥寓意的作品共 115 件 / 套（148 单件）。其中展出《明宣宗朱瞻基万年松图》卷、《元—明织锦百鸟朝凤图》、《宋缂丝蟠桃花卉图》轴、《明缂丝浑仪博古图》、《清缂丝宜春帖子岁朝图》等共 8 件 / 套一级品，为难得一见的珍品。展览分为“益寿延年、幸福美满、富贵祥瑞、福临百姓”四个单元，以吉祥幸福为主线，诠释作品中蕴含的美好含义，使观众领略中华民族传统文化的博大精深。

本次展出的 115 件 / 套作品中，除中国古代绘画、缂丝刺绣精品外，还选取了近代民间刺绣作品和杨柳青年画作品，以及具有吉祥图案的瓷器和木雕。同时，结合鼠年主题，选取大家喜爱的近现代画家齐白石具有代表性的动物画、节庆题材作品十余件。力图让展览更贴近百姓，营造具有吉祥如意、喜庆中国年的氛围。希望观众在欣赏展品的同时，能够感受到我们对大家美好的新春祝愿。

□天半人半——纪念陈半丁逝世五十周年特展

展览时间：2020年8月8日—2020年11月8日

展览地点：一层1号展厅

展览内容：

陈半丁是跨越清末、民国和新中国三个时期的书画艺术大家，海派宗师吴昌硕的入室弟子，为海派绘画与京派绘画南北融合发挥了重要作用，提案建立新中国画院并担任副院长，为继承发扬中国绘画事业作出巨大贡献。2020 年是陈半丁先生逝世五十周年，辽宁省博物馆

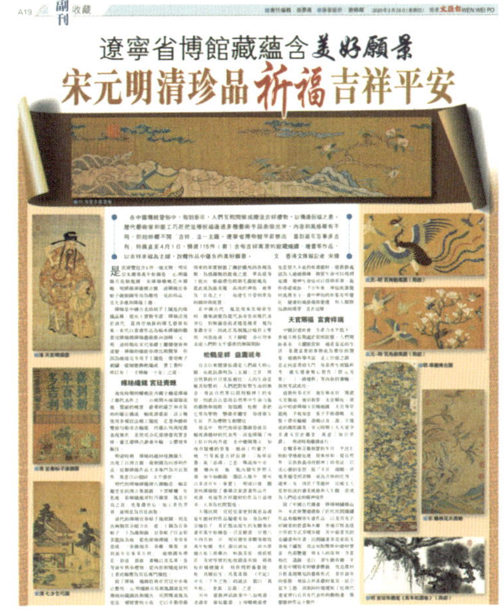
遼寧省博館藏蘊含美好願景
宋元明清珍品祈福吉祥平安

03

04

05

01

02

03

展出陈半丁书画作品 82 件套，以纪念陈半丁先生的艺术成就和贡献，呈现陈半丁书画艺术的魅力与内涵。展览分为五个部分，以陈半丁篆刻的印文为题，分别是“惠我良深”承继篇，展示陈半丁研摹经典画作学习传统笔墨的画作；“花草精神”花卉篇，展示陈半丁最为受世人瞩目的花卉画作；“笔底山河”山水篇，展示陈半丁极富时代气息的山水画作；“半丁弄翰”书法篇，展示陈半丁雄浑古朴的书法作品；“合众共济”师友后学篇，展示与陈半丁艺术交往的师友学生画作。

□文·物——中华传统文化教育展

展览时间：2020年9月5日—2021年4月18日

展览地点：一层3号展厅

展览内容：

为充分发挥博物馆陈列展览在弘扬中华优秀传统文化、革命文化、社会主义先进文化中的作用，推进新时代爱国主义教育和公民道德教育建设，同时充分考量青少年传统文化教育的特殊性与必要性，辽宁省博物馆将展览打造成“课本”，特别推出“文·物——中华传统文化教育展”，通过文物与诗词结合展现中华文化之美。此展览入选国家文物局2020年度“弘扬优秀传统文化、培育社会主义核心价值观”主题展览征集推介项目。

展览共分为两个单元：“庙堂知重器”和“檐下看寻常”，选取能够代表庙堂之高和生活之美的鼎、彝、爵、戈、砖瓦、砚、洗、炉、灯等各类文物108件，将古典文学中的诗词、成语与古代文物结合起来作为展览主线，以文物与诗词、成语等之间的关联作为切入点，通过十个不同主题的课程内容将文物与诗词、成语等文字的有机

01 “天半人半——纪念陈半丁逝世五十周年特展”序厅
02 策展人讲解展览
03 陈半丁 花卉图屏
04 “文·物——中华传统文化教育展”青少年教育活动
05 “文·物——中华传统文化教育展”展厅

04

05

文·物

中华传统文化教育展

文，错画也。象交文。凡文之属皆从文。

物，万物也。牛为大物，天地之数起于牵牛，故从牛。

01　　02　03

融合，注重“展教合一”，让青少年观众群体能够从文字中寻找文物，从文物中学到历史知识，从观展中汲取古人的聪明才智与精神力量，特别是能够从展览所传递的丰富的历史信息以及贯穿始终的优秀传统文化内容中激发继承和弘扬中华优秀传统文化的信心与决心，更加坚定文化自信。

□辽宁省博物馆“珍品馆”

展览时间：2020年11月27日开幕

展出地点：一层4号展厅

展览内容：

在长达五千年的文明发展史上，勤劳智慧的中华民族创造了灿若星辰的天工奇迹，留下了浩如烟海的工艺臻品，无论是恢弘巨制，抑或是精工巧作，都以其独特的姿态展现着中华民族的发轫精神和创造活力。辽宁省博物馆素以藏品丰富、种类齐备、精品荟萃而蜚声海内外，入藏的每一件文物都凝结着华夏先民的心智和情感，承载着民族文化的优秀基因，是中华民族奉献给全人类的珍贵文化遗产。“珍品馆”遴选辽博馆藏器物类精品，涵盖多个工艺门类，有庄重神秘的青铜器，淬火重生的陶瓷器，典雅别致的竹木牙角器，美轮美奂的漆器珐琅器，中正清幽的古琴……漫步其中，既能直观感受艺之精、器之美，又可以了解文物背后的精彩故事，追寻我们共同的文化记忆。

04

05

06

□方寸洞天——鼻烟壶精品展

展览时间：2020年12月29日—2021年4月25日

展出地点：一层5号展厅

展览内容：

鼻烟壶是盛贮鼻烟的容具，小不盈握，阔膛小口，配以严密的盖，盖下装有细匙，纳于膛内。它选材多样，工艺考究，集雕刻、镶嵌、烧瓷、书画等多种工艺于一体，方寸之间，别有洞天。烟草与烟具原为明代舶来品，清代康熙时期，经我国工匠改良创制产生了鼻烟壶，迄今已有300余年历史。鼻烟壶不仅完善了以往烟具的使用功能，且注重器体的装饰性，融入审美情趣与文化内涵，成为瑰材巧工、品格高雅的艺术品。

“方寸洞天——鼻烟壶精品展”是辽宁省博物馆首次举办的鼻烟壶专题展览，将辽博庋藏鼻烟壶佳作悉数展出，共展出文物251件（套），并对鼻烟壶的创制与发展、因何称之为“壶”、因何受皇帝喜爱等问题进行了阐释，以期透过小巧玲珑的鼻烟壶展现中国工艺美术的博大精深。

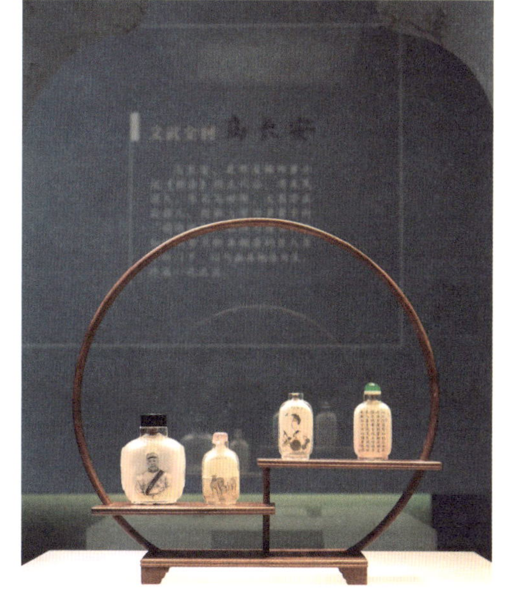

07

01 互动答题

02、03『文·物——中华传统文化教育展』部分展品

04 元 青花松竹梅纹八棱罐

05 清 转心象牙球

06、07『方寸洞天——鼻烟壶精品展』展览现场

01

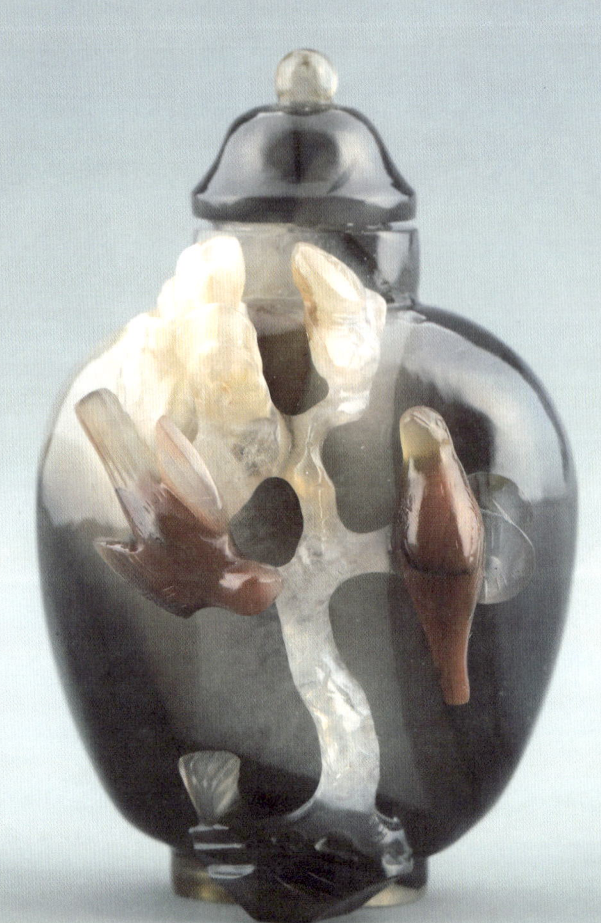

02

01 清（1891年） 周乐元内画雄鸡花草玻璃鼻烟壶

02 清 巧琢喜鹊登梅玛瑙鼻烟壶

03 展览海报

04 瓮中应有新醇酒 郑月波

05 猫荷图（郑月波作猫，张大千补荷石游鱼并题）

引进展览简介

□天地有情　万物吾与——郑月波绘画作品展

展览时间：2019年12月5日—2020年2月9日

展览地点：一层2号展厅

展览内容：

辽宁省博物馆自2018年开始，通过积极实施“当代海外华人名家书画系列”展览项目，成功吸引了海外文化艺术资源回流，拓展了藏品征集渠道。此次“天地有情　万物吾与——郑月波绘画作品展”为该系列第三个展览项目，百余件展品涵盖郑月波艺术创作各个时期的佳作。

郑月波（1908—1991），号巽羊、不斗山人、不斗老人及南斗老人，著名国画家、艺术教育家。早年毕业于国立杭州艺专，后任教于台湾的艺术院校，20世纪60年代旅居美国旧金山。因受潘天寿、吴茀之、诸乐三等影响，郑月波的笔触酣畅淋漓，寥寥数笔，意趣无穷，尤擅动物画，所勾勒出的骏马、猫和游鱼，以最简约的线条让强烈的动感和生命力绵延，有很强的音乐性。他的画曾得到张大千的高度评价，两人合作《猫荷图》《游鱼图》等，成为艺坛佳话。郑月波晚年潜心钻研水墨创新技法，开创了“革新指画”“撕筋画”“隔纸画”“迷象、抽象画”等创新画种。

03

04

05

□瑞鼠吐宝——庚子鼠年新春生肖文物图片联展

展览时间：2020年1月17日—2020年3月31日

展览地点：二层环廊

展览内容：

“瑞鼠吐宝——庚子鼠年新春生肖文物图片联展”是辽宁省博物馆在春节期间推出的生肖系列展的第六个展览。此次展览由中国文物报社联合30多家文博机构，甄选数百件以鼠为题材的文物、艺术品和珍贵标本，以及其他生肖文物，奉献给广大公众的图文展览。辽宁省博物馆甄选20件与“鼠”相关文物的图片参与此次展览，希望这些机敏灵巧、睿智可亲的“鼠辈”，能给观众带来新春的活力激情和美好祝福，并为年俗文化增添灵性和喜感。

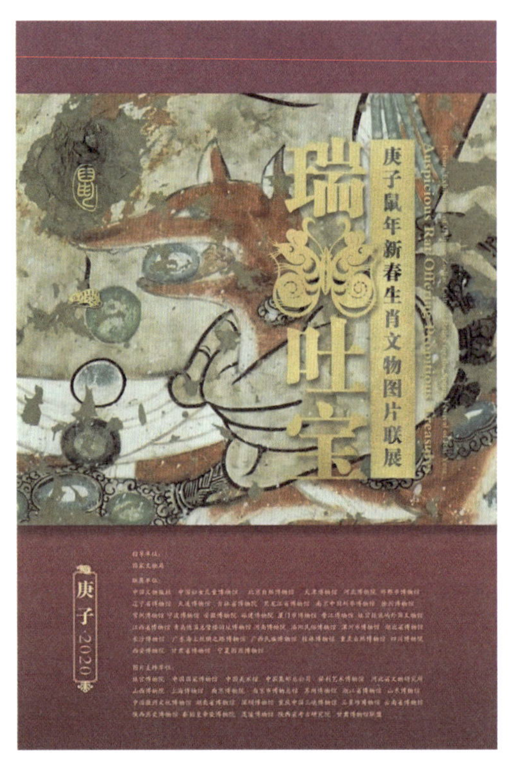

01

02

□ “文物系荆楚　祝福颂祖国”接力海报展

展览时间：2020年4月15日—2020年6月14日

展览地点：一层大厅

展览内容：

疫情期间，为提振全国人民的抗疫士气，声援武汉人民，国家文物局官方微博“中国文博”发起“文物系荆楚　祝福颂祖国”活动，号召文博机构选择馆藏文物设计成海报，并结合文物特点配以祝福文字，在各自的官方微博上接力发布。先后有140余家国内外文博机构参与，在一个多月的时间里共推出400余幅文物海报，辽博设计制作九款祝福海报。作为接力的第一站，辽宁省博物馆于3月24日恢复开馆后，全力投入到文物海报为主的线下公益展览工作中。展览主要分为“文物系荆楚　祝福颂祖国”“文物战疫同舟共济——全国文博系统抗击疫情在行动”和“众志成城守望相助——辽宁援鄂战

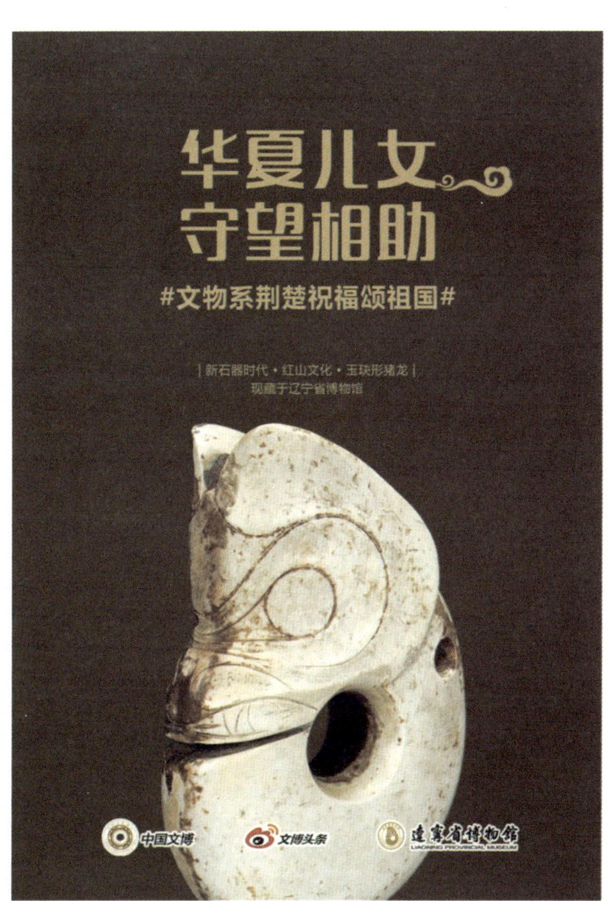

03

04

05

06

01、02 瑞鼠吐宝——庚子鼠年新春生肖文物图片联展

03 『「文物系荆楚　祝福颂祖国」接力海报展』展览海报

04～06 『「文物系荆楚　祝福颂祖国」接力海报展』展览现场

‘疫’纪录”三部分，表达了文博人对湖北地区和祖国的深切祝福，同时也体现了中华儿女众志成城、共渡难关的信心与决心。

□“启示——人类抗疫文明史”主题展览

展览时间：2020年5月20日—2020年7月13日

展览地点：一层1号展厅

展览内容：

“启示——人类抗疫文明史”主题展览是辽宁省博物馆疫情后恢复开馆的第二个展览，也是“‘文物系荆楚　祝福送祖国’接力海报展”后第二个抗疫防疫相关的展览。在疫情防控常态化的大背景下，展览以展板展示为主，并辅以辽博馆藏古代与防疫相关文物32件（套）（43单件），辽宁省图书馆藏古籍5函套。展览分为“暗影中的同行者”“道阻且长”“新的考验”三个单元，向观众展示了在人类文明的发展历程中传染病始终如影随形，随着生物学研究的深入和医学的进步，人类如何不断积累有益经验，逐渐把握主动性以及人类在抗争中不断反思，为促进人与自然和谐共生而奋斗不息的过程。旨在通过梳理人类社会自农业革命至今与传染病的抗争经历，让人们客观看待人、传染病与自然的关系。

□物映东西——18—19世纪海上丝绸之路上的中国制造

展览时间：2020年12月31日—2021年4月5日

展览地点：一层1号展厅

展览内容：

古老的海上丝绸之路自开通以来，一直是沟通东西方经济和文化交流的重要通道，并以

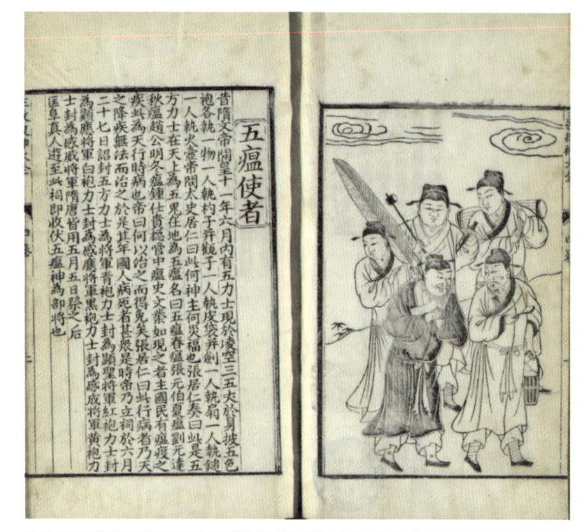

五瘟使者

昔隋文帝開皇十一年六月内有五力士現於凌空三五丈於身披五色袍各執一物一人執杓子并罐子一人執皮袋并劍一人執扇一人執鎚一人執火壺帝問太史居仁曰此何神主何災福也張居仁奏曰此是五方力士在天上為五鬼在地為五瘟名曰五瘟春瘟張元伯夏瘟劉元達秋瘟趙公明冬瘟鍾仕貴總管中瘟史文業如現之者主國民有瘟疫之疾此為天行時病也帝曰何以治之而得免矣張居仁曰此行病者乃天之降疾無法而治之於是其年國人病死者甚衆是時帝乃立祠於六月二十七日詔封五方力士為將軍青袍力士封為顯聖將軍紅袍力士封為顯應將軍白袍力士封為感應將軍黑袍力士封為感成將軍黄袍力士封為感威將軍隋唐皆用五月五日祭之后匡阜真人遊至此祠即收伏五瘟神為部將也

01

02

03

04

05

其深远的意义、广博的内涵，对世界文明的进程产生巨大的影响。众多洋溢中华民族传统风韵又散发着西洋异域情调的“中国制造”跨越重洋，行销海外，以前所未有的广度和深度，在西方掀起一股强劲的“中国风”。它们不仅是中西海贸盛况的实物见证，更是东西方文化汇流与融合的载体。本次展览集结了境内外机构的243件（组）文物展品，通过“隔海相望——中国外销艺术品的源与流”“璀璨中国造——海丝路上的东方奢侈品”“风情汇东西——中国外销艺术品上的华风欧韵”“图像之外——中国外销工艺品中的生活图景”四个单元，以可读性的叙事语言，展现了清代海上丝绸之路的盛况及东西方文化交流的社会景象，诠释了中国制造的最强音。

06

01 『三教源流搜神大全』七卷 清宣统元年叶德辉校刊本

02、03 『启示——人类抗疫文明史』主题展览海报

04~06 『物映东西——18—19世纪海上丝绸之路上的中国制造』展览现场

公众服务

一、统筹疫情防控工作

受新冠肺炎疫情影响，1 月 24 日至 3 月 24 日，辽宁省博物馆暂停对外开放，并结合实际情况，认真贯彻落实国家和省市疫情防控决策部署，根据省文化集团的要求，于 1 月下旬成立辽宁省博物馆新型冠状肺炎疫情防控工作领导小组。

党政群工作部积极落实馆疫情防控领导小组的各项工作要求，及时下发和落实疫情防控文件，制定《辽宁省博物馆关于新冠肺炎疫情防控期间有序推进恢复开放和复工工作的实施方案》《辽宁省博物馆恢复开放公告》；实时向集团上报馆内职工离（返）沈的详细行程信息；协调相关部门做好节日期间和日常场馆消毒等防疫工作；及时发布通知，做好相关开放措施与观众组织等工作。

在有序开馆后，党政群工作部也积极发挥统筹协调和参谋助手的作用，及时向馆领导和疫情防控工作领导小组汇报防疫工作开展的情况，做好决策部署辅助工作。“山高水长——唐宋八大家主题文物展”开展前夕，为了保障展览的顺利进行，制定了《关于“山高水长——唐宋八大家主题文物展”开幕式、主题展览座谈会疫情防控预案》。在疫情常态化的要求下，按照上级部门部署，严格要求职工报备出（返）沈行程，并及时向上级报备，将疫情防控工作作为综合管理的一项重要政治任务来抓。

二、社会教育

（一）馆校合作

为了深入贯彻国家教育部和国家文物局联合印发的《关于利用博物馆资源开展中小学教育的意见》的文件精神，更好地帮助中小学生利用博物馆资源开展学习，辽宁省博物馆一直致力于打造馆校合作的优质平台，先后与岐山一校教育集团、北京师范大学沈阳附属学校等多所中小学校建立起良好的合作关系，共同制订长期灵活互动的阶梯式教学计划，共同推进素质教育的实施。

2020 年，辽宁省博物馆继续推进馆校合作项目，分别与辽宁省实验学校、沈阳市盛京小学教育集团建立起合作关系，馆校双方共同打造“博物馆课堂”，将博物馆青少年教育资源与学校教育资源有效衔接，充分发挥博物馆在弘扬中华优秀传统文化、培育社会主义核心价值观中的作用。

2020 年 12 月 10 日，辽宁省博物馆与辽宁省实验学校“馆校合作”教育项目启动仪式在辽博顺利举行。辽宁省博物馆副馆长董宝厚、辽宁省实验学校副校长孟春风以及辽博工作人员和省实验学校的七年级全体师生参加了启动仪式。

启动仪式上，董宝厚副馆长与孟春风副校长共同签署了合作协议，并为“馆校合作”教育项目启动揭牌。他们在致辞中表示：“‘馆校合作’教育项目是辽博与省实验学校合作的新起点、新契机，今后双方将各自发挥优势，深入开展合作，共同创建馆校联合的长效机制，把传承和弘扬中华优

01

秀传统文化同培育和践行社会主义核心价值观统一起来。辽宁省博物馆与辽宁省实验学校的合作必会历久常新，结出丰盛的果实！”

在合作中，馆校双方集合力量组成开发团队，共同推动博物馆课程资源的开发与学校教学资源的有效利用，发挥 1+1>2 的效果。在活动研发中，教育团队遵循学生认知规律与教育教学规律，将历史教育、美学教育、人格培养融入教育活动中。通过以“穿越时空，走进唐宋八大家的文人世界”为代表的博物馆阵地教育活动与以“博游季——中华传统文化进校园”为代表的学校阵地教育课程，在学生心中埋下传承中华优秀传统文化的种子，增强其文化自信与民族自豪感。

02

01、02『馆校合作』教育项目启动仪式

01
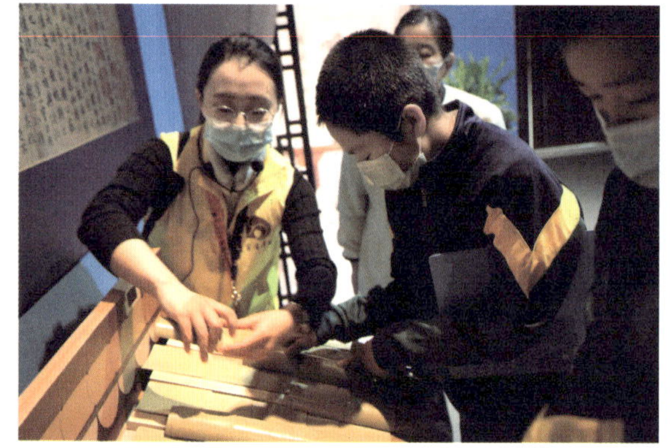

03
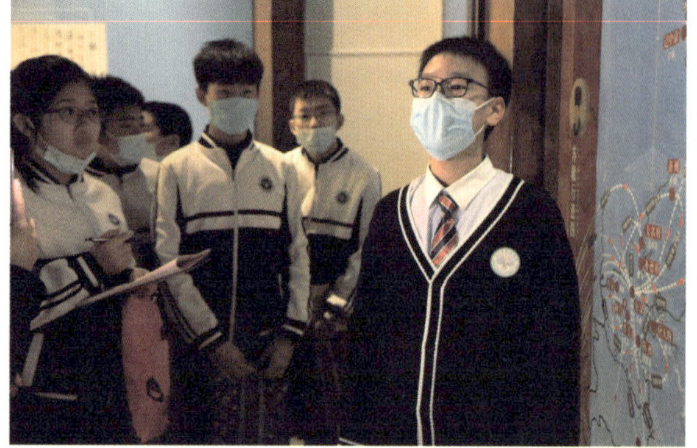

02

04

05
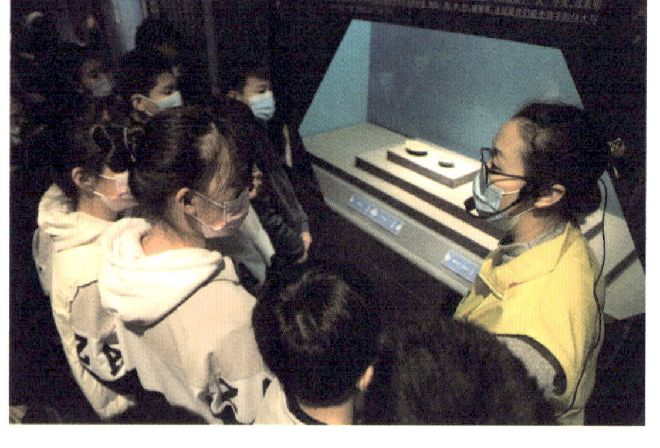

01～05「馆校合作」教育项目

06、07 儿童体验馆：与你「童」行，乐享「六一」

08 节日嘉年华系列教育课程之童心「鼠」于你

09「宅」一起第二期

（二）“我们的节日”主题系列教育活动

中国传统节日有着深厚的文化内涵，是中华民族悠久历史文化的重要组成部分。春节、清明、端午、中秋等众多传统节日，不仅蕴含丰富的文化价值，也承载中华民族历久弥新的民族精神。

在传统节日来临之际开展寓教于乐的互动教育活动，以其特有的趣味性、互动性、教育性、开放性吸引观众走进博物馆，让更多的人在博物馆感受、学习、体验传统节日文化的魅力。剪窗花、猜灯谜、绘风筝、做龙舟、佩香囊、做月饼……许许多多个生动有趣的活动交织在一起，将家乡风土民俗民情、历史文化文物知识，以润物无声的形式传递中华民族一脉相承的传统美德。2020 年，面对突如其来的新冠疫情，全国的博物馆自春节以来一直处于闭馆抗疫的状态。为了让观众在疫情期间也能够感受到辽博的教育服务，我们在最短的时间内将线下活动转为线上。无论形式如何改变，不变的是服务观众、传播文化的初心，锐意进取、大胆尝试使得我们的活动更是精彩纷呈！

春节丨辽博和你“宅”一起

“岂曰无衣，与子同袍。”在这个特殊时期，我们见证了中国速度，感受了中国力量，而对于普通人来说“宅”在家就是能为国家做的最大贡献。这段“宅”的日子，辽博精心准备了五期“古代辽宁”趣味问答题线上互动活动，为广大观众献上了一顿丰富的文化大餐，大家一起头脑风暴！

“六一”丨与你“童”行，乐享“六一”

除了传统节日，“我们的节日”主题系列教育活动还在每年的“六一”儿童节如约而至。每年的儿童节教育活动是博物馆精心为孩子们准备的礼物，给孩子们一个专属空间，让热爱文化的种子在他们心底生根、发芽。

“以儿童为中心，为儿童而展示”的辽博儿童体验馆在 2020 年的“六一”儿童节盛大开馆，在这个充满奇思妙想的空间里，一起尽情去触摸历史、感受文明、探索世界吧！除此之外，在儿童节当天妙趣横生的“童心‘鼠’于你”研学课程欢乐上线，介绍画家齐白石的生平及“鼠”在传统文化中的吉祥寓意，并利用家中常见的材料 DIY 老鼠造型的趣味玩具，让孩子们边玩边学，度过一个充满知识性、趣味性的儿童节。

06 07

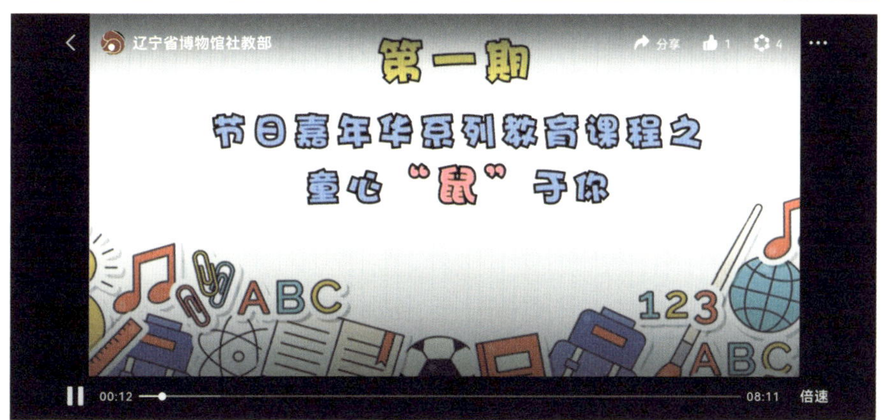

08

09

01

端午丨飘香端午，囊情粽意

五月五，端午到；赛龙舟，真热闹；吃粽子，戴香包；蚊虫不来身边闹……2020 年端午节，辽博线上研学课程“飘香端午，囊情粽意”带着浓浓的粽香如期上线。通过故事和儿歌的形式介绍端午节的来源和习俗，增进观众尤其是青少年对端午节的认识和了解，并利用常见材料制作香囊，培养参与者的动手能力，使他们成为传统节日的传承者。

中秋国庆丨“十”“中”相撞，畅游辽博

2020 年的中秋节和“十一”黄金周肩并肩到来，双节同庆。为此，辽博为广大观众，尤其是远道而来的朋友精心策划了一系列丰富多彩的教育活动。结合“文·物——中华传统文化教育展”

02 03

04

05

特别推出的“拓印体验活动”与“听我讲文·物——小讲解员黄金周特别活动”，使观众沉浸在源远流长的古代文化之中，感受悠久传统文化带来的无限魅力。花灯 DIY 体验活动与线上研学课程“举杯邀明月”更是线上线下相结合，寓教于乐，让大家度过一个难忘的“十”“中”节。

（三）临展特展教育活动

为更好地帮助观众解读展览，进一步发挥博物馆的教育职能，2020 年辽博举办多场与临展特展相配套的主题教育活动。结合“山高水长——唐宋八大家主题文物展”开展“品古识风——场馆体验活动”：“文人山水版画创作”，通过动手描绘的方式使观众与展览产生互动，从另一角度领略唐宋八大家的文学风采和人生智慧。开展青少年历史文化专题讲座，让学生感受苏轼顽强、乐观的信念和超然自适的人生态度。推出“书写八大家”活动，使青

01 节日嘉年华系列教育课程：飘香端午，囊情粽意

02 花灯 DIY 场馆活动

03 拓印体验活动

04 端午特辑——线上研学课程第二期

05 小讲解员黄金周活动

少年在书写的过程中感受汉字的魅力，品味古代文人的风雅。推出青少年趣味互动答题、经典诵读等展厅互动活动，使青少年更深层次地理解唐宋八大家留给后世的精神财富。推出“乐学堂”系列教育课程：“独钓寒江雪”“唯有暗香来”“学海无涯”“一蓑烟雨任平生”等。

结合“文·物——中华传统文化教育展”开展青少年课程“非‘铜’寻常”“博物里的美术课”。举办展厅互动体验活动：“生僻字大比拼”“我是泥瓦匠”“拓印互动体验”“互动答题”，使青少年更好地贴近文物和历史。推出进校园课程“青铜有趣”专题展板展示活动，让在校学生可以通过更便捷的方式了解展览相关文物的历史知识。

（四）儿童体验馆

2020 年 5 月 31 日，辽宁省博物馆儿童体验馆面向观众开放。这是一处独具辽博特色的未成年人互动体验空间，位于辽宁省博物馆展楼二层，场馆面积 1000 平方米。历时三年精心打磨，从展陈环境到展示内容无不体现“以儿童为中心，为儿童而展示”的办馆理念，是一个为儿童精心打造的历史文化乐园。在这里，孩子们不仅可以用眼睛看，还可以用手触摸，用耳朵去倾听，用想象去探索：孩子们可以拿起鱼叉，然后再钻木取火，来一顿原始的“烤鱼大餐”；也可以“穿越”回到战国时代，成为燕国名将秦开，与战士一起攻城闯关；更可以在东北大炕上体会传统东北民俗……儿童体验馆开放半年以来，接待了数百组家庭，

01

02

03

04

05

06

07 08

深受孩子与家长的欢迎。

（五）创新性教育项目

《文人少年派》是辽宁省博物馆创新策划推出的首部青少年主题微电影，在微电影迅速兴起的“融媒时代”，它以中国古代最具盛名的“唐宋八大家”历史故事为创作背景，将传统的历史文物知识于现代化新媒体网络平台进行输出，迎合了大众特别是青少年观众的审美情趣与互动体验交流的感性诉求。微电影主题紧扣“传承和弘扬中华优秀传统文化”，立意新颖，格调活泼，通过重现“唐宋八大家”的精彩华章，传递向上向善的价值追求，引导观众从中国古典文学深厚绵长的文化底蕴中唤起诗意情怀，激发文化自信，具有较强的思想性、故事性、艺术性、观赏性，具有深厚的文化内涵和教育意义。

《文人少年派》的拍摄内容紧密结合“唐宋八大家”的历史故事和文学作品，以通俗易懂的故事情节与画面内容，描述“唐宋八大家”中几位人物的文学造诣和锲而不舍、

01 儿童体验馆活动
02 『乐学堂』教育课程
03 青少年趣味互动答题
04 进校园课程『青铜有趣』
05 社教活动『我是泥瓦匠』
06 社教活动『生僻字大比拼』
07、08 儿童体验馆亲子活动

笃学上进的学习精神。微电影剧情流畅，共有 19 名小学生演员参演，全长 24 分钟，分为“妙笔生花”“才智双绝”“醉酒成诗”三个单元，讲述了王安石寻求生花之笔、才智双绝的苏轼化解矛盾危机、柳宗元醉酒成诗创作《江雪》的经典故事内容。电影中的服装道具贴合时代背景，演员表现纯真、质朴，一经推出便受到社会的广泛关注。该电影故事讲述方式跳出传统的教学模式，以文化传播和公共教育为目的，传承和弘扬中华优秀传统文化与民族精神，深入挖掘隐藏在文物背后的历史文化精髓，真正做到见物、见人、见精神。

为扩大该项目的影响力度与宣传力度，微电影预热期宣传，举办开机仪式活动，全程媒体、微信平台进行报道；中期拍摄后制作震撼宣传预告片并及时跟进报道；后期推出电影首映礼，在全网络播出，观众不仅可以在博物馆内进行观影，还可通过辽宁省博物馆官网、微信公众平台、学习强国辽宁平台、抖音、快手、哔哩哔哩短视频平台等多种途径进行线上观看，反响空前热烈。

《文人少年派》青少年主题微电影是辽博社会教育活动方式的一种全新尝试，不仅拓宽了展览在新媒体环境下的传播渠道，探索出新时代博物馆持续健康发展的有效途径，而且使传统文化焕发新的活力，为新媒体下的受众提供了更优质的公共文化服务。

（六）品牌教育项目——暑期小讲解员培训班

“暑期小讲解员培训班”是辽宁省博物馆品牌社会教育项目之一。依托辽博丰富的馆藏资源，我们将项目开展的目标设定为提高

01

辽宁文明网

ln.wenming.cn

长子情怀、忠诚担当、创新实干、奋斗自强

首页 辽宁要闻 讲文明树新风 文明创建 农村精神文明建设 志愿服务 道德模范 未成年人 我们的节日 视频 文化

微电影《文人少年派》首映

首页 > 地方传真 发布时间：2020-12-15

12月12日，辽宁省博物馆摄制的微电影《文人少年派》在该馆观影厅首映。剧组全体演职人员及数十名观众出席了首映礼。

微电影《文人少年派》是为了配合正在省博物馆举办的“山高水长——唐宋八大家主题文物展”而拍摄的。省博物馆通过拍摄前期的层层海选，选出19名青少年演员，他们在影片中精彩的表演赢得了现场观众的好评。微电影《文人少年派》内容取材于“唐宋八大家”历史故事，通过生动有趣、寓教于乐的故事情节，赋予优秀传统文化新的时代内涵，增强对青少年的影响力和感召力，帮助青少年学好中国历史，传承好中国文化。

省博物馆多年来致力于面向青少年开发具有博物馆特色的教育项目，利用“新中国第一座博物馆”的品牌优势，围绕馆藏资源和地域特色，持续开展社会教育活动，取得了显著的教育成果与良好的社会反响。

02

03

04

05

06

07

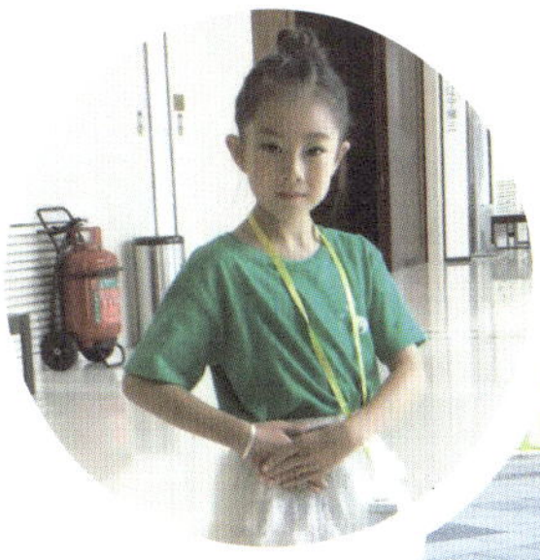

08

09

认知、激发兴趣，注重培养、强调团队合作精神，以多样化的博物馆体验，满足孩子们多层次的社会成长需求，助力孩子们综合素质的培养和提高。该培训班自2014年面向社会公开招募学员以来，参与培训的学员所属地已覆盖全省，还不乏来自加拿大、尼日利亚等外籍学员。现已有500余名小讲解员通过科学、完善的课程体系学习知识、提升能力，逐步成长为优秀的传播家乡历史文化的小小代言人。

面对严峻的疫情形势，今年的辽博暑期小讲解员培训班以线上分享的方式与大家见面，为喜爱博物馆文化的青少年朋友献上了一份由文物小知识、线上课程、感悟分享、活动花絮组成的暑期博物馆知识大礼包。课程一上线，便受到青少年朋友的广泛关注与喜爱。

01、02 媒体播放及相关报道
03 拍摄花絮
04 首映式
05 宣传海报
06《文人少年派》开机仪式
07～09 品牌教育项目：暑期小讲解员培训班学员

（七）研学活动

1. 在“文·物”中读历史

2020 年 9 月 5 日，面向广大青少年群体策划的“文·物——中华传统文化教育展”在辽博开展，为扩大展览的效果，辽博结合此展览策划了一系列研学教育项目，旨在丰富在校学生的精神文化生活，让学生从历史文化中汲取养分。

学生在展厅中，通过阅读诗文、观察文物、倾听讲解、感受环境，深入解读展品，更好地理解和掌握知识。同时利用“拓印互动体验”“我是泥瓦匠”“生僻字大比拼”等体验活动丰富课程的互动性和趣味性。观展后，利用展览中“谁知钟鼎已三千”一课中的“鼎”的器物形象研发的方鼎拼插材料包，学生自己动手拼插、上色，更好地促进学生美术表现和创新能力的提高，从而产生更加深刻的情感体验。

2. 从“八大家”中品风骨

围绕“山高水长——唐宋八大家主题文物展”，以“穿越时空，走进八大家的文人世界”为主题，通过多种活动形式让学生在辽博与唐宋八大家“近距离接触”，感受古代文人的才情与风貌。此次活动以青少年历史文化专题讲座、书法体验、版画贴

01、02『文·物——中华传统文化教育展』研学活动

03 研学活动：版画古诗词

04、05『山高水长——唐宋八大家主题文物展』研学活动：讲座

06 儿童体验馆研学活动

01

02

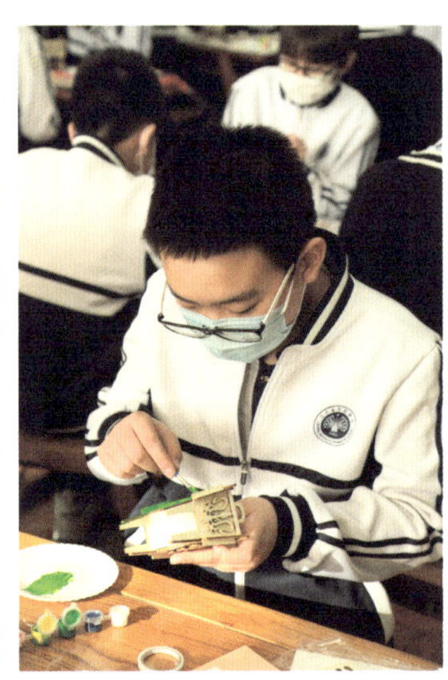

画创作、展厅互动等形式引领师生更好地了解唐宋八大家生活的时代背景，理解八大家的创作意图和文章内涵，从中国古典文学深厚绵长的文化底蕴中唤起诗意情怀，激发文化自信。

3. 去“体验馆”里探新知

知识源于与真实世界的有形接触。针对来馆研学的低年级学生，辽博将“儿童体验馆”纳入研学的主要场所之一，让学生在愉悦、生动的教学环境中，学习知识、激发兴趣，从而促进全面发展。

在体验馆中，展品中蕴含的概念与信息得到拓展，在具体的体验活动中，为学生创设了超越实物的实践情境，从而对历史有更加深入的感知。让学生在观察中学、在参与中学、在游戏中学，积累多种多样的直接经验，促使学生做到真正理解，使研学内容与学生的现实及将来的生活真正相连。

（八）线上研学课程

2020 年伊始，突如其来的新冠肺炎疫情使得全国人民都投身到“抗疫”之中。今年，我们的青少年研学课程虽没能以原有的方式开展，但我们依然坚守让博物馆文化惠及更多青少年的这份初心，采用全新的形式，以线上分享的方式与大家见面。这是一份由历史小知识、文物欣赏、趣味手工组成的课程礼包，通过微信公众平台线上分享给大家，旨在通过移动互联网等平台，借助网络的广泛覆盖性，以视频授课、动画播放、手工实践等

03

04

05

06

01

04

02
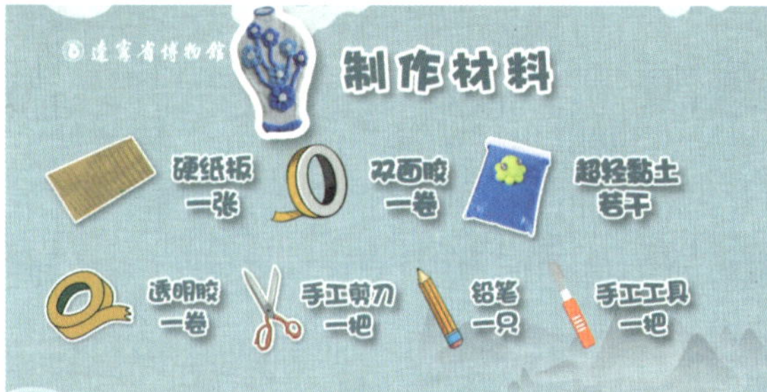

05

03

06

方式将中华优秀传统文化及博物馆独具特色的文物资源展现在公众面前，实现“互联网 + 教育”的有机结合，丰富博物馆传播方式，以新的视角、新的创意与大众加强互动，提升用户体验，扩大受众范围。该系列课程依托馆藏文物和地方历史文化资源，根据受教学生的不同年龄层次进行策划、开发了有针对性的课程与手工体验相结合的授课模式，融知识性、趣味性、体验性于一体，培养孩子的思考能力和动手能力的同时，还能了解更多中国传统文化知识，在寓教于乐的课程氛围中接受爱国主义教育，并得到优秀传统文化的滋养。

“博物洽闻”系列教育课程

“走近红山文化　探秘千年文明”

01『举杯邀明月　团圆共赏灯』线上教育课程

02、03『百变纹饰话吉祥』线上教育课程

04～06线上研学活动

07『「萌」八旗』线上教育课程

08、09『走近红山文化　探秘千年文明』线上教育课程

07

08

09

“带上‘水肺’去考古”

“‘萌’八旗”

“举杯邀明月　团圆共赏灯”

“中华传统文化”系列教育课程

“鼎鼎有名的炊具”

“了不起的金戈铁马”

“轻罗小扇扑流萤”

“百变瓷器话吉祥”

“节日嘉年华”系列课程

“童心‘鼠’于你”

“飘香端午　囊情粽意”

（九）出版与普及读物

为完善青少年的观展体验，公共服务部组织编写了《说“文”解“物”——中华传统文化教育展读本》。本书是“文·物——中华传统文化教育展”实体展览的有效补充和拓展，对展览中的精髓进行了系统梳理，并结合中小学课本知识，将传统诗词、成语中蕴含的文物集中展示出来，将文物背后的故事讲给孩子们听，真正做到“活化文物资源”。本书主题鲜明、编排合理、重点突出，可以作为展前预习、展后复习的趣味性资料。

《辽宁省博物馆青少年课例设计》将公共服务部多年来研发设计的青少年教育课程进行了归纳总结，共分为四个门类，将特色教育课程的主题背景、教学目标、授课过程以及课程评价等内容逐一呈现，是辽博多年来社会教育工作成果的体现，希望以此形式与全国的博物馆工作者相互交流、共勉共进。

《辽博之声》教育专刊以文字、图片等形式总结了 2020 年全年的教育活动，既是社教工作的窗口，也是辽博与广大公众进行交流与沟通的宣传平台。

此外，为了更好地提升青少年观展体验，我们结合展览编写了《唐宋八大家（诗文篇）》《唐宋八大家（人物篇）》《文·物中华传统文化教育展》青少年趣味答题册；结合传统民俗知识编写了《我们的节日：中国传统节日知识手册》等普及读物。前来参观的青少年观众可在服务台免费领取。

01

02

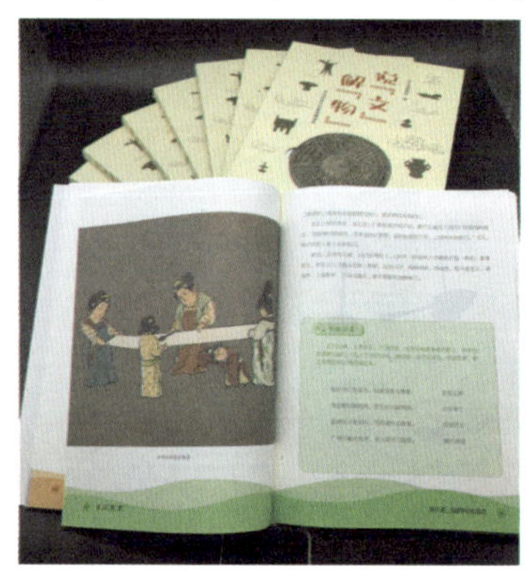

03

04

01～04 出版普及读物

馆校合作教育项目

活动名称	时间	合作学校及单位	活动对象	活动地点
青少年历史文化专题讲座：《走近苏轼》	12月2日	盛京小学教育集团、沈阳市教育研究院	小学生	儿童剧场
习书八大家				历史学堂
版画古诗词				历史学堂
展厅导赏				20号展厅内
唐宋八大家主题趣味答题				21号展厅内
唐宋八大家文学经典诵读				22号展厅内
课题研讨会：道德与法治课程与博物馆课程深度融合的实践研究				培训教室
展厅导赏	12月10日	辽宁省实验学校	中学生	22号展厅内
唐宋八大家主题趣味答题				21号展厅内
文人版画DIY				历史学堂
诗文竹筛贴画				历史学堂

节假日活动

活动主题	活动内容	时间	活动对象	活动地点
“十”“中”相撞，畅游辽博	拓印体验	10月2日10月6日	小学生	一楼临展3
	听我讲“文·物”小讲解员黄金周特别活动	10月1日–3日	观众	一楼临展3
	中秋节花灯DIY体验	10月1日	观众	临展3展厅外
	儿童体验馆特别活动	10月3日10月7日	儿童	儿童体验馆

场馆互动体验活动

活动名称	时间	活动对象	活动地点
“品古识风”古风诗词版画DIY	12月5日 12月6日 12月19日 12月20日 12月26日 12月27日	观众	22号展厅外

大型主题教育项目——微电影《文人少年派》

活动内容	时间	活动对象	活动地点
演员海选	10月23日至10月27日	9~12岁青少年	历史学堂
演员复选	10月31日		历史学堂
开机仪式	11月14日	参演人员	儿童剧场
电影拍摄及制作	11月至12月		盛京碑林、辽宁省博物馆
首映仪式	12月12日	观众	儿童剧场、儿童体验馆
电影公映	12月19日		
	12月20日		
	12月26日		
	12月27日		

线上研学系列教育课程

课程名称	时间	线上观看人数	播放平台
童心“鼠”于你	5月31日	294	辽宁省博物馆社教部微信公众平台
飘香端午，囊情粽意	6月24日	324	
带上“水肺”去考古	8月29日	332	
举杯邀明月　团圆共赏灯	9月30日	327	
走近红山文化　探秘千年文明	11月13日	219	

三、讲解与场内服务

公共服务部讲解岗位积极响应上级部门疫情防控要求，主动作为，及时调整工作思路，创新场馆服务形式，将馆内阵地服务和线上特色讲解相结合，充分发挥窗口服务前沿突出作用，积极为观众提供全方位、多元化、高标准的优质参观体验。

（一）以“山高水长——唐宋八大家主题文物展”为平台和抓手，打造亮点纷呈的特色讲解，提升公共服务能力

“山高水长——唐宋八大家主题文物展”是史上首个以传世精品展示“唐宋八大家”家国情怀和时代风华的主题文物展。为进一步发挥博物馆的重要文化教育阵地作用，充分挖掘和展现辽宁历

01

史文化资源的时代价值，坚定文化自信，辽宁省博物馆讲解组结合此次展览，一改传统的讲解模式，在讲解内容和形式上有新突破，深挖唐宋八大家生平事迹和历史背景，选取出时代特征突出、故事情节丰富、教育意义深刻的人物故事。以青少年为主要受众对象，针对青少年的心理与喜好，在知识性、娱乐性、趣味性、教育性上下功夫。我们公共服务部以“跨越时空，聚焦唐宋，再现八大家传世经典”为主题，开展了50余场系列特色讲解服务和教育活动。

“特色讲解”

由于疫情原因，很多人在过节期间不能回到自己的家乡与家人团聚。为了让这些“宅”沈的人员也能感受到辽沈人民的热情，我们以“山高水长——唐宋八大家主题文物展”为依托，陆续在春节初一至初六、元宵节以及“唐宋八大家”展览最后一天夜场，开展了特色讲解活动。讲解员为观众提供免费定时讲解，陪同大家完整游览“山高水长——唐宋八大家主题文物展”，观众跟随讲解员参观了三个展厅并进行答题，答对的观众得到礼品作为奖励。我们还额外增设抽奖环节。为了让观众更有参与感，我们制作了8个唐宋八大家卡通人物立牌摆放在展厅与观众互动。特色讲解活动现场气氛十分火爆，观众的参与度很高。

02

01『山高水长——唐宋八大家主题文物展』特色讲解：『云逛博物馆——直播生活「把乐带回家」』

02 视频截图

01

02

03

01 讲解员现场讲解展览
02 特色情景剧
03 讲解员接受媒体采访
04 唐宋八大家答案贴纸
05、06 『你听我讲』特色讲解活动
07 『文明寻踪』抽奖活动
08 『文明寻踪』答题册页

04

05

06

07

·活动流程·

① 下午1:30之前，请您到三楼特色讲解小舞台，找工作人员领取“文明寻踪”答题册页；

② 下午1:30准时跟随讲解员参观《山高水长——唐宋八大家主题文物展》三个展厅，认真聆听讲解内容，并回答答题册页上的问题；

③ 您可以在唐宋八大家“人”形立牌口袋中寻找八大家画像贴纸，把您认为正确的头像贴在问题后面。

④ 参观结束后，回到三楼特色讲解小舞台，上交答题册页，答对全部问题，则闯关成功；

⑤ 闯关成功的观众，将会获得“文明寻踪”活动纪念品（仅限前20名），还有机会参与抽奖活动，获得精美的辽博文创产品。

寻踪 小Tips

文明寻踪

1 文垂千载

古文运动的先驱者是哪位？

A.苏轼　C.韩愈

B.欧阳修　D.柳宗元

唐宋八大家中，说理畅达，抒情委婉，并自号醉翁的是？

A.苏洵　C.曾巩

B.欧阳修　D.王安石

在唐代时期，因“永贞革新”被贬永州，写出诗文作品《江雪》《永州八记》《黔之驴》的是唐宋八大家的哪一位？

A.王安石　C.柳宗元

B.曾巩　D. 苏辙

唐宋八大家中唯一被写进《三字经》里的人是？

A.苏辙　C.韩愈

B.柳宗元　D.苏洵

2 德行笃定

传世墨迹《局事帖》是由谁创作完成的？

A.曾巩　C.王安石

B.欧阳修　D.苏轼

唐宋八大家中唯一一位到过辽宁的是？

A.柳宗元　C.韩愈

B.苏轼　D.苏辙

“唐宋八大家”之中被发现了家族墓葬的是哪一位？

A.王安石　C.苏轼

B.曾巩　D.柳宗元

《六国论》的作者是谁？

A.苏辙　C.曾巩

B.苏洵　D.苏轼

文明寻踪

3 家國情懷

《黄州快哉亭记》的作者是？

A.曾巩　C.王安石

B.欧阳修　D.苏辙

唐宋八大家中历史评价最极端化的人是？

A.王安石　C.韩愈

B.苏轼　D.欧阳修

《师说》的作者是下列哪位？

A.欧阳修　C.王安石

B.韩愈　D.曾巩

唐宋八大家中苏洵和谁创立了私修家谱的范式，被称为“欧苏法式”？

A.韩愈　C.苏辙

B.柳宗元　D.欧阳修

文明寻踪

08

"你听我讲"

"八大家"所处的时代背景不同，出身经历不同，社会影响和文学成就不同，引起的社会关注度和对后世的影响也不同。我们深入挖掘唐宋八大家背后的故事，形成了韩愈《文韬武略的韩愈》、欧阳修《赏秋声赋悟养生》、苏洵《大器晚成鞍马间》、苏轼《伟大的天才与全才》、王安石《一个不寻常的宰相》、曾巩《曾巩在齐州》、苏轼《东坡与佛印》等八期特色讲解内容。力求通过讲解员对八大家逐一细致的讲解，让观众能身临其境地感受唐宋八大家的时代背景与个人魅力。我们还依托网络平台，将"你听我讲"的录制内容在学习强国辽宁平台、辽博微信、微博、抖音等官方账号上发布，拓宽传播渠道，让更多的人过这种线上线下相结合的创新模式体验到唐宋八大家展览的魅力，扩大辽博的知名度，打造辽博品牌效应。这种特色讲解能够让社会大众对博物馆有更新更立体的认识，进而提高他们对文物的认知，对审美观念的提升，对自身文化底蕴的升华。

唐宋八大家主题文物展"你听我讲"讲解场次表

日期	时间	名称	地点
2020.12.15	10：00	伟大的天才与全才	唐宋八大家主题文物展小舞台
2020.12.15	14：00	伟大的天才与全才	唐宋八大家主题文物展小舞台
2020.12.16	10：00	曾巩在齐州	唐宋八大家主题文物展小舞台
2020.12.17	10：00	伟大的天才与全才	唐宋八大家主题文物展小舞台
2020.12.17	14：00	伟大的天才与全才	唐宋八大家主题文物展小舞台
2020.12.18	10：00	曾巩在齐州	唐宋八大家主题文物展小舞台
2020.12.18	14：00	曾巩在齐州	唐宋八大家主题文物展小舞台
2020.12.22	10：00	伟大的天才与全才	唐宋八大家主题文物展小舞台
2020.12.23	10：00	曾巩在齐州	唐宋八大家主题文物展小舞台
2020.12.23	14：00	曾巩在齐州	唐宋八大家主题文物展小舞台
2020.12.26	10：00	曾巩在齐州	唐宋八大家主题文物展小舞台
2020.12.26	14：00	曾巩在齐州	唐宋八大家主题文物展小舞台
2020.12.27	10：00	伟大的天才与全才	唐宋八大家主题文物展小舞台
2020.12.27	14：00	伟大的天才与全才	唐宋八大家主题文物展小舞台
2020.12.30	10：00	曾巩在齐州	唐宋八大家主题文物展小舞台
2021.2.14	10：00	大器晚成鞍马间	唐宋八大家主题文物展小舞台
2021.2.15	10：00	曾巩在齐州	唐宋八大家主题文物展小舞台

续表

日期	时间	名称	地点
2021.2.16	10：00	东坡与佛印	唐宋八大家主题文物展小舞台
2021.2.17	10：00	赏秋声赋悟养生	唐宋八大家主题文物展小舞台

“山高水长‘剧’好看”

“山高水长‘剧’好看”是让专业讲解员和志愿者强强联合，以三个原创的趣味性强、通俗易懂的独幕小话剧《何谓唐宋八大家》《苏门教子》《终生一妻》来演绎唐宋八大家的人物风采、文学成就和人生智慧。通过搭建古风舞台、使用古风服化道具，配合舞台声光电的效果，让观众身临其境，沉浸式体验，寓教于乐。这次的情景剧不仅采用了线下演出的方式，在线上也可以观看，做到了形式新颖、不限时间、不限场所，随时随地都能观看。由辽博讲解团队结合本次展览制作的系列情景剧当属展览特色中的亮点，自开演之日就备受关注，好评如潮。情景剧作为一出小话剧，从酝酿、编剧、成稿、排练，到音乐、服装、道具的设计制作，再到每个周六、周日的循环演出，无不凝聚着讲解团队大量的心血和付出，包含着领导们的支持和鼓励，是讲解团队的一次精心、用心、专心之作，是辽博人通力合作的结晶。

唐宋八大家主题文物展“山高水长‘剧’好看”演出场次表

日期	时间	场次	名称	演出人员
2020.12.2	上午	一场	何谓唐宋八大家	讲解员、志愿者
2020.12.2	下午	一场	何谓唐宋八大家	讲解员、志愿者
2020.12.2	上午	一场	苏门教子	大学生志愿者
2020.12.2	下午	一场	苏门教子	大学生志愿者
2020.12.5	上午	一场	苏门教子	大学生志愿者
2020.12.5	下午	一场	苏门教子	大学生志愿者
2020.12.6	上午	一场	苏门教子	大学生志愿者
2020.12.6	下午	一场	苏门教子	大学生志愿者
2020.12.9	上午	一场	终生一妻	大学生志愿者
2020.12.9	下午	一场	终生一妻	大学生志愿者
2020.12.12	上午	一场	苏门教子	大学生志愿者
2020.12.12	下午	一场	苏门教子	大学生志愿者

续表

日期	时间	场次	名称	演出人员
2020.12.13	上午	一场	苏门教子	大学生志愿者
2020.12.13	下午	一场	何谓唐宋八大家	讲解员、志愿者
2020.12.13	下午	一场	何谓唐宋八大家	讲解员、志愿者
2020.12.19	上午	一场	何谓唐宋八大家	讲解员、志愿者
2020.12.19	下午	一场	何谓唐宋八大家	讲解员、志愿者
2020.12.20	上午	一场	何谓唐宋八大家	讲解员、志愿者
2020.12.20	下午	一场	何谓唐宋八大家	讲解员、志愿者
2021.2.12	上午	一场	何谓唐宋八大家	讲解员、志愿者
2021.2.13	上午	一场	何谓唐宋八大家	讲解员、志愿者
2021.2.26	上午	一场	何谓唐宋八大家	讲解员、志愿者

“云逛博物馆——直播生活‘把乐带回家’”

春节期间，我馆 8 名讲解员应沈阳电视台邀请，联合《直播生活·把乐带回家》栏目组，在“山高水长——唐宋八大家主题文物展”展厅中录制了八期节目，并于腊月二十九至正月初六这 8 天，在辽宁经济频道直播生活春节特别节目“把乐带回家”，每天早、中、晚三个时段播出节目，带领观众“云逛”辽宁省博物馆。

时间	讲解文物
2021年2月10日（二十九）	李公麟（传）《九歌图卷》
2021年2月11日（除夕）	宋人摹顾恺之《洛神赋图》
2021年2月12日（初一）	宋徽宗赵佶《瑞鹤图》
2021年2月13日（初二）	东晋楷书《曹娥诔辞》
2021年2月14日（初三）	赵孟頫行书《欧阳修秋声赋》
2021年2月15日（初四）	清王原祁《西湖十景图》卷
2021年2月16日（初五）	明仇英《赤壁图》卷
2021年2月17日（初六）	清朱拓祁寯藻楷书韩愈《平淮西碑》并序

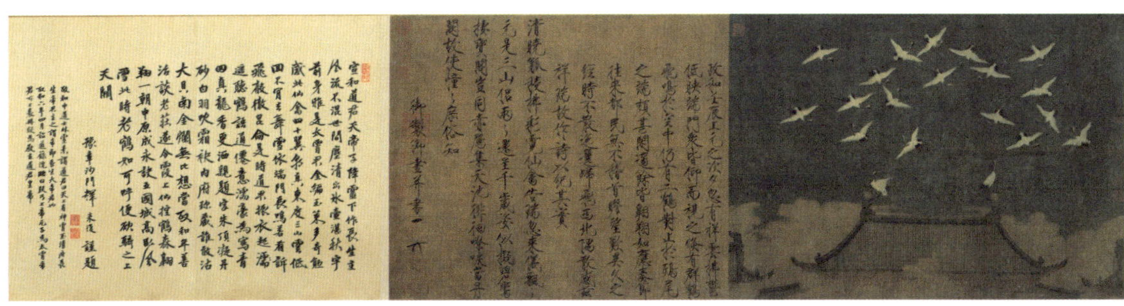

01

02

03

政和壬辰上元之次夕忽有祥雲拂鬱
低映端門衆皆仰而視之倏有群鶴
飛鳴於空中仍有二鶴對止於鴟尾
之端頗甚閑適餘皆翺翔如應奏節
往來都民無不稽首瞻望歎異久之
經時不散迤邐歸飛西北隅散感茲
祥瑞故作詩以紀其實
清曉觚稜拂彩霓仙禽告瑞忽來儀飄飄
元是三山侶兩兩還呈千歲姿似擬碧鸞
棲寶閣豈同赤鴈集天池徘徊嘹唳當丹
闕故使憧憧庶俗知
御製御畫并書

01~03 宋徽宗瑞鹤图卷

01

点击下方图片，回顾第三集内容。

我是辽博讲解员王娜，从事社会教育工作近十五年，讲解过《又见大唐》《又见红山》等重要展览。2020年，我为自己设立了一个小目标：希望讲解水平更上一层楼。这次，我将为大家讲解《古代辽宁》第三集。

02　03

精彩回放

新中国第一座博物馆，跨越28万年辽宁文化丨辽宁省博物馆

主播　云端博物馆周

嘉宾　马薇

时间　2020-05-18

查看精彩回放

云端博物馆周

云端博物馆周官方账号

21388人观看过

辽宁省博物馆是一座现代化的大型综合历史与艺术类博物馆，是辽宁最为重要的文物收藏、保护、研究和宣传展示机构，2008年被评为首批国家一级博物馆，2009年被…

04

05

01 国宝讲述人「云讲国宝」
02 「电波通辽博」第三期
03 「在家云游博物馆」「又见大唐」VR展厅
04 「云端博物馆周——古代辽宁」播放量
05 腾讯平台举办的「宝藏四方」
06 国宝讲述人「云讲国宝」
07 「国宝来了」线上节目
08 「在家云游博物馆」直播截图

前言
又見大唐
Meet the Tang dynasty again
lnmusem bilibili
盛世画卷
我是辽宁省博物馆讲解员王婉婷

06

2:25
声音 文稿 评论
1098
国宝
105 辽宁省博物馆｜女神头像：西方有雅典娜，我们有红山女神！
国宝来了：百大博物馆文物精讲 ›
免费订阅
00:26/11:37
倍速
查看评论
写评论

07

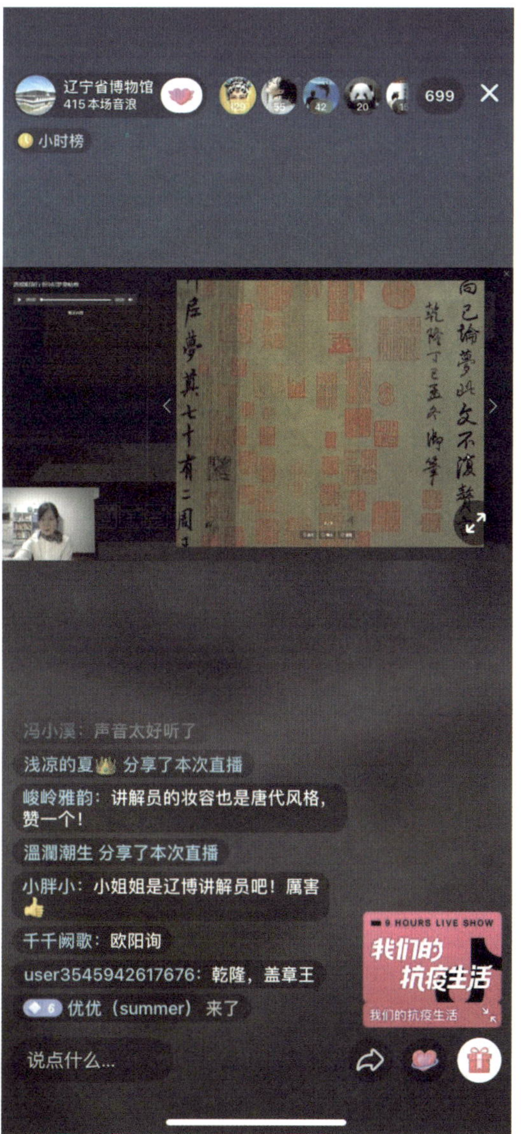
辽宁省博物馆
415本场音浪
699
小时榜
冯小溪：声音太好听了
浅凉的夏 分享了本次直播
峻岭雅韵：讲解员的妆容也是唐代风格，赞一个！
溫瀾潮生 分享了本次直播
小胖小：小姐姐是辽博讲解员吧！厉害
千千阙歌：欧阳询
user3545942617676：乾隆，盖章王
优优（summer）来了
我们的抗疫生活
说点什么...

08

01

lnmusem bilibili
那么仕女到底是什么意思呢

02

03

04

北国

05

宝藏四方
辽宁省博物馆
看辽宁国宝 识辽宁历史
扫码看直播
4月21日14:00
腾讯新闻
腾讯看点
看点直播
腾讯微视
腾讯文旅
博物官
辽宁省博物馆

全国十佳文博社教案例宣传推介活动申报

6 月 2 日，中国文物报社和中国教育电视台联合举办面向全社会组织开展首届全国十佳文博社教案例宣传推介活动。旨在深入贯彻习近平总书记关于“让文物活起来”的重要指示批示精神，推动落实中共中央办公厅、国务院办公厅《关于实施中华优秀传统文化传承发展工程的意见》《关于加强文物保护利用改革的若干意见》及教育部、国家文物局《关于利用博物馆资源开展中小学教育教学的意见》，更好地利用文博资源开展社会教育、弘扬中华优秀传统文化、满足人民精神文化需要。

在“山高水长——唐宋八大家主题文物展”开展期间，我们结合展览，策划、组织了多种形式的特色讲解，我们将其中最有创新性、最受观众欢迎的特色讲解“博雅教育——山高水长‘剧’好看”作为讲解类活动案例进行了申报。从主题立意新颖、展现方式创新、活动受众精准、效果目标明确四个方面凸显此项活动的创新成果和推广价值。

观众满意度调查

博物馆相关受众是衡量博物馆成熟与否的重要标志，通过群众满意度大数据调查，能够最为直观地反映观众问题曲线。为了更好地满足观众需求、了解观众心理动态，我部门以“山高水长——唐宋八大家主题文物展”为契机，在 1—3 月份组织观众开展线上、线下的“2020-2021 辽宁省博物馆文化服务及观众满意度研究”调研活动，并根据不同的年龄和学历配额，进行更细致、有效的分析。我们通过“进一步了解大众对于‘山高水长——唐宋八大家主题文物展’的相关体验，探究博物馆基本受众与实际体验感觉”“通过大众反馈调整博物馆陈设展览、讲解内容与文创产品的后续开发，探究博物馆价值的深度挖掘与对于大众的人性关怀”“加强对于辽宁省博物馆的多重空间开发与功能布局，通过大众调查的满意度入手，搭建特色化的现代新博物馆”这三方面进行了调研与分析。

06

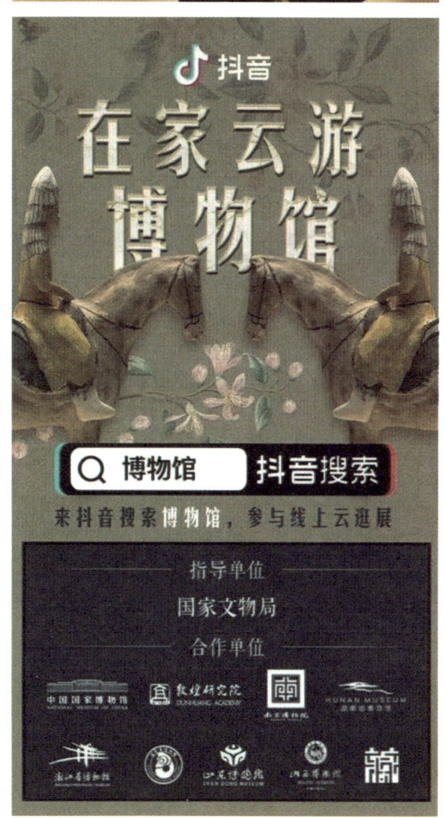

07

01 国宝讲述人「云讲国宝」
02 「「文物系荆楚 祝福颂祖国」接力海报展」抖音直播
03 「古代辽宁」展直播活动
04 「启示——人类抗疫文明史展」直播活动
05、06 腾讯平台举办的「宝藏四方」
07 「在家云游博物馆」宣传海报

01

调查报告可以反映出此次展览及我馆的各项公共文化服务是基本令观众满意的，近半数的观众对于博物馆态度十分积极，40.54% 的观众表示本次展览及场馆服务大大超出预期，41.44% 的观众表示比预期想象要更好一些，18.02% 的观众表示与期望相同，失望率为零。

（二）在保障阵地讲解的基础上，携手网络传媒推出线上“云游博物馆”

2020 年，全年完成讲解任务共计 3398 场，其中包括接待讲解共 990 场、重要接待 107 场、定时讲解 416 场、专家讲解 110 场、辽博志愿者讲解 1775 场，志愿者服务时长 3182.9 小时。讲解员志愿者接受媒体采访共 9 次。

在疫情特殊时期，为了满足博物馆观众的线上体验，拓宽观众的收看渠道，我们开启了线上讲解，使得更多的观众即使在家也可以“云游博物馆”。2020 年我们一共参与线上活动 18 场。其中，网络平台的线上直播 5 场，分别是抖音 APP 举办的“在家云游博物馆”——“又见大唐”书画文物展直播、一直播举办的“文物系荆楚，祝福颂祖国”接力海

01 『5·18 国际博物馆日』辽宁省文化演艺集团（辽宁省公共文化服务中心）党委常委、副主任，辽宁省博物馆馆长王筱雯接受媒体采访

02～04 国际博物馆日节目录制

报展直播、腾讯平台举办的“宝藏四方”两个展厅直播、在艺APP举办的首届云端博物馆周——百馆直播季“古代辽宁”展直播；参与喜马拉雅APP“国宝来了——百大博物馆文物精讲”录播课程共4期；参与录播活动2场，分别是《辽宁日报》“慧眼向北”——“人类抗疫文明史”展录播、梨视频为“人类抗疫文明史”展和“向两会代表提问”录播；参与电台直播共5场，为辽宁经济广播FM88.8举办的“电波通辽博”古代辽宁在线讲解活动讲解“古代辽宁”——“史前时期”“夏商周时期”“战国至隋唐时期”“辽金时期”“元明清时期”五集系列节目；参与中国文物报社、中央广播电视台新闻新媒体中心在B站举办的“国宝讲述人（云讲国宝）”讲解员、志愿者在专业赛道参赛的活动。

（三）形式多样，内容丰富的“5·18国际博物馆日”活动展现辽博大馆风采

2020年国际博物馆日以“致力于平等的博物馆：多元和包容”为主题，旨在为不同身世、不同背景的人创造有意义的体验方面的潜力，是当前博物馆社会价值的中心。我们结合这个主题积极组织策划2020年度“5·18国际博物馆日”系列宣传活动。受疫情影响，“5·18国际博物馆日”主题宣传活动以线上为主，我们完成了“5·18国际博物馆日”线上活动的策划、实施以及节目的参演录制，并在“5·18国际博物馆日”当天配合馆内进行线下活动。结合2020年“山高水长——唐宋八大家主题文物展”，我们还特别录制了“视频连线”和“诵读经典古诗词，观辽博年度大展”启动

02

03

04

01

仪式等内容，面向社会发起争做中华经典古诗词“诵读人”倡议，现场举行“诵读人”启动仪式和签名仪式。

著名学者、沈阳故宫博物院名誉院长李仲元先生和辽宁省书协副主席、沈阳市书协主席卢林先生都为本次活动挥毫题留作品。公共服务部讲解组以及场内服务共 16 名工作人员为国际博物馆日献礼，参与了诗朗诵加演唱《读中国》《我和我的祖国》的演出及录制。

为了帮助大家解读今年“5·18 国际博物馆日”的主题，全面了解辽宁省博物馆的各项活动，我们还专门邀请辽宁省文化演艺集团（辽宁省公共文化服务中心）党委常委、副主任、辽宁省博物馆馆长王筱雯就媒体和公众关心的问题接受了采访，王筱雯表示：“回顾博物馆的发展历程，我觉得从来没有一个时期的博物馆像我们今天的博物馆这样，以新的姿态参与到政治、经济、文化的各项活动中。作为辽宁省博物馆来说，我们是新中国人民政权建立的第一所博物馆，也是中央和地方共建的国家级博物馆。近年来，辽宁省博物馆积极致力于平等、多元和包容的博物馆建设，包括我们推出的

01、02 流动博物馆走进康平县东关小学
03、04『文化和自然遗产日』：流动文化服务
05『文化和自然遗产日』儿童体验馆专场活动
06 我馆首次与中国国家博物馆联合举办『玉出红山——红山文化考古成就展』，我馆选派讲解员参与讲解工作

展览进校园、进社区、进乡村、进军营的活动；我们打造的流动博物馆的活动，开展的‘乐学堂’活动。特别是去年我们通过举办‘又见大唐’‘又见红山’展览，积极尝试新的办展方式，实现从文物展向文化展的转变。今年春节以来，在疫情防控的特殊时期，我们采取多种方式，开展线上公共文化服务，我觉得这些活动实际上都是我们致力于平等的博物馆建设的具体体现。今后辽宁省博物馆将以更加开放、多元和包容的姿态，积极开展丰富多彩的文化活动，让不同年龄、不同教育背景，以及不同地域的人们能够更好地享受到博物馆的服务。”

（四）设备更新和系统升级为观众提供方便快捷、细致周到的场馆服务

2020 年场内服务工作人员向观众提供咨询答疑 29400 余次，提供大件包裹寄存 18200 余次，婴儿车、轮椅租借 1855 余次，自助寄存柜 16100 余次。为了更好地服务观众，满足大众对辽博的期望，我们在 2020 年对无线团队设备、语音导览系统进行了升级改造。

随着网络的发展、科技的进步，为简化观众收听文物讲解内容的流程，优化观众参观体验，我们对语音导览系统进行升级，整体升级为微信扫一扫导览，无须观众下载，直接使用手机扫描展品二维码即可收听讲解。

今年我们还将使用多年的无线团队讲解设备升级为配备消毒功能，以及传输距离更远、抗干扰性和音质更佳的最新产品，用于满足博物馆日常观众接待服务，提升博物馆讲解质量。

（五）流动文化服务

辽宁省博物馆流动文化服务工作以“流动博物馆”宣展车为主要载体。“流动博物馆”宣展车集文物展示、多媒体互动、传统展板等丰富的展示内容和互动内容为一体，辅以数字化 AR、VR、动画、展馆全景演示等技术展示手段。配合图文并茂的活动展板、易拉宝等灵活布展方式，带来先进的互动技术和最新的原创展览，把文物展览办到大中小学、城镇社区、乡村贫困地区，办

02

03

04

05

06

到普通民众的家门口，把厚重的历史文化知识和爱国主义教育内容以通俗易懂的方式传达给参观者，让更多的群众充分享受博物馆的流动文化服务。

2020年年初，受突发新冠疫情影响，根据疫情防控需要，为避免人员聚集带来的病毒传播风险，保障观众健康和安全，辽宁省博物馆于1月24日暂停开馆，并于3月24日重新恢复开放。在全社会合力抗击疫情、逐步复工复产、疫情防控进入常态化的背景下，流动博物馆也逐步恢复日常工作秩序，积极组织送展活动，深入基层，服务大众，呼应疫情环境下广大基层群众对精神文化生活的迫切需求。2020年全年，流动博物馆开展公共文化服务活动共计17次，服务人数逾3万人，足迹覆盖高等院校、中小学校及偏远乡镇地区，带领观众领略文物之美，感受历史温度，增添文化自信，培育家国情怀。

01

02

03

2020年基层送展活动情况

活动时间	活动地点	活动内容
2020.01.07	东港市前阳镇石桥岗小学	“古代辽宁”互动体验课程
2020.05.18–2020.05.19	辽博正门	“国际博物馆日”主题活动
2020.06.13–2020.06.14	辽博正门	“文化和自然遗产日”活动
2020.09.15–2020.09.17	盛京教育集团草仓校区	“文·物——中华传统文化教育展”及流动宣展车
2020.09.28–2020.09.30	沈阳航空航天大学	流动宣展车、“辽宁千年文脉”图片展
2020.10.29–2020.10.30	文艺二校行知校部	“辽宁千年文脉”图片展
2020.11.04	康平县含光小学	流动宣展车、“文·物——中华传统文化教育展”
2020.11.05	康平县向阳小学	流动宣展车、“文·物——中华传统文化教育展”
2020.11.09	沈阳航空航天大学图书馆	“文·物——中华传统文化教育展”
2020.11.12	康平县东关小学	流动宣展车、“文·物——中华传统文化教育展”

04

05

06

（六）辽博志愿者团队

志愿者是博物馆事业的重要参与者，是提升博物馆公共服务水平、推动博物馆事业发展的重要力量。在新冠疫情防控期间，辽博志愿者们响应国家号召，在做好个人和家庭防护的同时，在自己的岗位上为抗疫防疫贡献自己的一份力量。8月14日，辽博志愿者恢复志愿服务活动，他们在展厅内讲解文物、咨询答疑，迎接来自五湖四海的观众。

目前，辽宁省博物馆在册志愿者120人，他们积极投入到展览讲解、送展进校园、咨询答疑等活动中，并开展了其他丰富多彩的项目活动。2020年辽博志愿者先后讲解了“又见大唐”“又见红山”“山高水长——唐宋八大家主题文物展”“古代辽宁”等17个展览，开展了“辽宁省博物馆志愿者历史文化宣讲团”“走近历史——辽宁省博物馆志愿者进校园活动”等项目，配合流动博物馆送展进沈阳市铁西区兴工一校、浑南一校等学校，全年累计讲解1775场，服务时长3182.9小时。

01 流动博物馆送展走进康平教育集团
02 流动博物馆走进沈阳航空航天大学
03 流动博物馆走进盛京教育集团草仓校区
04、05 送展走进文艺二校行知校部
06 走近历史『博物为志 志愿芳华』——兴工一校小志愿者选拔赛

01

02

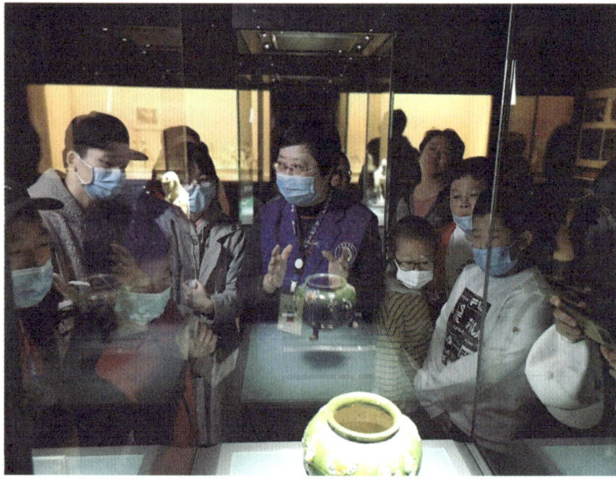

03

04

辽宁省博物馆志愿者历史文化宣讲团

文物是凝聚人类文明的恢宏史诗，是祖先智慧和心血的结晶，它再现了人类自身演变和发展的进程。文物寂静无声，辽博志愿者为其代言。他们活跃在瓷器、玉器、碑志、货币等各个展厅，用一场场讲解为观众述说文物背后的故事。

每一个展览，志愿者都查阅了大量资料，积极参加专家培训讲座。志愿者只有通过辽博官方考核，才能上岗为观众提供讲解服务，以确保传播历史文化知识的准确性。虽然他们是志愿者，但大家尽最大的努力筛选出正确的历史知识向观众普及，这是他们作为博物馆人的使命与担当。

05

01、02 组织优秀志愿者前往广州、上海两地文博单位参观学习

03～05 志愿者日常讲解工作

06 沈阳市委党校青年志愿者团队到辽博考察学习

06

走近历史——辽宁省博物馆志愿者进校园活动

2011 年，辽宁省博物馆志愿者团队探索博物馆教育与学校教育相结合的方式方法，创新开展了"走近历史——辽宁省博物馆志愿者进校园活动"项目，为学生打开一扇课堂上的文博之窗，让学生在教室就能欣赏展览，激发大家爱祖国、爱家乡的情怀。2020 年 9 月志愿者走进沈阳市铁西区兴工一校、文艺二校行知校部等学校，为学生讲解"博物馆奇妙课程"，带领学生欣赏辽博的精彩展览。课堂上，学生踊跃发言，积极与志愿者进行互动。下课后，还有学生来到志愿者身边，表示"刚才我听你们志愿者上的课了，很喜欢，下次你们再来啊"！这些都是对志愿者送展进校园活动的充分肯定。

12 月，辽宁省博物馆和兴工一校共同举办了"博物为志　志愿芳华——兴工一校小志愿者选拔赛"，学生的精彩表演让大家看到了祖国明天的希望，更切身感受到三年来辽博志愿者坚持走进兴工一校开展"博物馆奇妙课程"的成果。

考察与交流

不积跬步，无以至千里。公众服务能力的提升离不开平时的学习积累，为进一步提升志愿者团队的文化素养和专业能力，辽宁省博物馆于 9 月中下旬组织优秀志愿者，分两批前往广州、上海两地文博单位参观学习。志愿者们也会把参观学习过程中收获的知识尽快融入日常服务中，以饱满的热情和专业的讲解来迎接走进博物馆的观众。

10 月 14 日下午，沈阳市委党校组织的市属青年志愿者团队负责人培训班一行 60 余人到辽博考察学习，与辽博志愿者交流座谈。

志愿者获得的荣誉

1. 在"2020 年全国文化和旅游志愿服务项目线上大赛"评选活动中，"辽宁省博物馆志愿者历史文化宣讲团"从全国申报的 286 个项目中脱颖而出，荣获三等奖。

2. 在辽宁省 2020 年宣传推选学雷锋志愿服务全省"四最"先进典型活动中，"辽宁省博物馆志

荣誉证书

HONORARY CREDENTIAL

辽宁省博物馆志愿者历史文化宣讲志愿服务项目：

在辽宁省2020年度宣传推选学雷锋志愿服务全省“四最”先进典型活动中荣获

辽宁省“最佳志愿服务项目”荣誉称号

辽宁省精神文明建设指导委员会办公室

二〇二一年一月

活动主办单位：中共辽宁省委宣传部 辽宁省精神文明办 辽宁省民政厅 辽宁省生态环境厅 辽宁省农业农村厅 辽宁省文化和旅游厅 辽宁省国资委 辽宁省扶贫办 辽宁省总工会 共青团辽宁省委 辽宁省妇联 辽宁省文联 辽宁省残联 辽宁省红十字会 辽宁报刊传媒集团 辽宁广播电视集团

01

辽宁省文化和旅游厅：

你单位报送的辽宁省博物馆志愿者历史文化宣讲团项目荣获2020年全国文化和旅游志愿服务项目线上大赛三等奖。

申报单位：辽宁省博物馆

团队负责人：樊荣

核心成员：许惠萍、曹阳、高晶梅

中华人民共和国文化和旅游部

二〇二〇年十二月五日

02

愿者历史文化宣讲团”荣获“辽宁省 2020 年最佳志愿服务项目”称号。

3. 在“国宝讲述人（云讲国宝）——全国文博在线讲解直播推介活动”中，志愿者李昕鑫讲述“簪花仕女图”入围专业赛道（历史文化类）初评视频。

4. 志愿者郭粤荣获“牵手历史——第十一届中国博物馆优秀志愿者”称号。

志愿者表彰

辽宁省博物馆第十二次志愿者大会在多功能厅召开，辽宁省文化演艺集团（辽宁省公共文化服务中心）党委常委、副主任、辽宁省博物馆馆长王筱雯，党委书记、副馆长刘宁，副馆长张力，副馆长董宝厚，党委委员、纪委书记张桂莲，党委委员、公共服务部主任林利，副主任康宁，副主任张莹，以及全体志愿者参加了大会。

会上，大家一起观看了配乐解说《印象2020》，9 名志愿者通过视频展示和现场解说，从学习、培训、讲解活动、送展进校园等九个方面综合回顾了 2020 年志愿者团队开展的各项工作；《辽博志愿者大数据》展示了团队取得讲解、送展等成绩和获得的国家级和省级荣誉；志愿者武萌代表全体志愿者表达心声，表示大

03

04

05

06

家将在辽博的平台上不忘初心，砥砺前行，为传播中华文化而贡献力量。

在听取志愿者的汇报演出后，辽宁省文化演艺集团（辽宁省公共文化服务中心）党委常委、副主任、辽宁省博物馆馆长王筱雯发表致辞，充分肯定了辽博志愿者团队在2020年所取得的成绩，她号召广大志愿者在新的一年能继续立足新时代、展现新作为，弘扬奉献、友爱、互助、进步的志愿精神，继续以实际行动书写新时代的雷锋故事，传播中华优秀传统文化。

随后，辽宁省博物馆领导为2020年度优秀志愿者颁发了奖品，还抽取了特等奖和幸运奖。活动现场洋溢着幸福、温馨、和谐的氛围。在宣誓仪式上，辽博志愿者们重温誓词，唱响《辽博志愿者之歌》。

最后，与会人员全体合影，拍摄了“2020年度辽博志愿者全家福”。

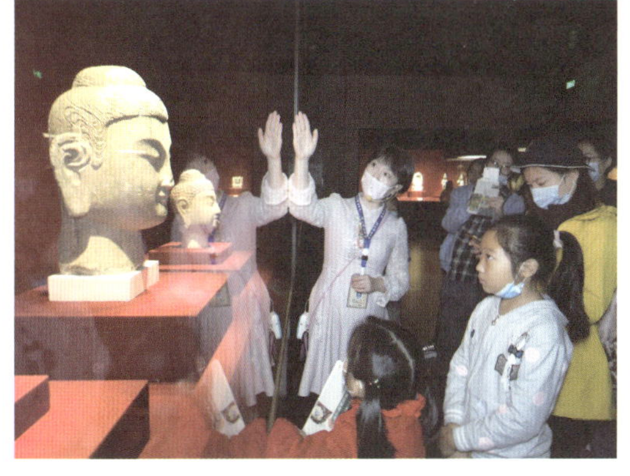

07

01 『辽宁省博物馆志愿者历史文化宣讲团』荣获辽宁省2020年『最佳志愿服务项目』称号

02 『辽宁省博物馆志愿者历史文化宣讲团』从全国申报的286个项目中脱颖而出，荣获三等奖。

03 志愿者郭粤荣获『牵手历史——第十一届中国博物馆优秀志愿者』称号

04～06 辽宁省博物馆第十二次志愿者大会现场

07 辽宁省博物馆志愿者历史文化宣讲团

2020年辽博志愿者团队讲解和活动场次统计

名称	时间	场次	地点	对象	主讲人
又见大唐	2019.10.7—2020.1.12	4	展厅	成人、幼儿、青少年	志愿者
又见红山	2019.10.16—2020.01.16	30	展厅	成人、幼儿、青少年	志愿者
文·物——中华传统文化教育展	2020.09.05—2021.04.18	84	展厅	成人、幼儿、青少年	志愿者
山高水长——唐宋八大家主题文物展	2020.12.02—2021.03.28	312	展厅	成人、幼儿、青少年	志愿者
“古代辽宁”史前时期	全年	62	展厅	成人、幼儿、青少年	志愿者
“古代辽宁”夏商周时期	全年	74	展厅	成人、幼儿、青少年	志愿者
“古代辽宁”战国至隋唐时期	全年	97	展厅	成人、幼儿、青少年	志愿者
“古代辽宁”辽金时期	全年	52	展厅	成人、幼儿、青少年	志愿者
“古代辽宁”明清时期	全年	34	展厅	成人、幼儿、青少年	志愿者
中国古代佛教造像展	全年	40	展厅	成人、幼儿、青少年	志愿者
中国古代铜镜展	全年	8	展厅	成人、幼儿、青少年	志愿者
辽代陶瓷精品展	全年	17	展厅	成人、幼儿、青少年	志愿者
中国历代玺印展	全年	11	展厅	成人、幼儿、青少年	志愿者
中国古代货币展	全年	39	展厅	成人、幼儿、青少年	志愿者
明清玉器展	全年	55	展厅	成人、幼儿、青少年	志愿者
明清瓷器精品展	全年	113	展厅	成人、幼儿、青少年	志愿者
中国古代碑志展	全年	163	展厅	成人、幼儿、青少年	志愿者
送展进校园、5·18国际博物馆日等活动	全年	580	省内校园、社区等	成人、青少年	志愿者

（七）辽博讲堂

《辽博讲堂》是辽宁省博物馆进行文化传播与文化惠民的重要平台，是辽博利用自身文化资源，满足公众文化需求，精心组织高质量讲座活动的文化品牌。

《辽博讲堂》是辽博搬迁浑南新馆之后，由《辽海讲坛》延续而来。从 2017 年举办至今，辽博以馆内举办的展览内容为依托、以馆藏文物为基础，结合社会热点学术问题，邀请知名专家学者开展专题讲座，引领公众走进不同艺术领域，感受不同时期的人类文明。

由2020年完成《辽博讲堂》13场，分别为《中国书画赏析——从〈又见大唐〉展览说开去》《礼出红山——牛河梁祭祀建筑群址再解读》《中国文明起源的红山模式》《让你爱上中国字——汉字文化与书法艺术》《解密牛河梁，致敬里程碑》《唐宋八大家对中国古代散文发展的贡献》《从文学到图像：宋人摹顾恺之〈洛神赋图〉赏析》《"韩柳"古文运动之外的轶闻遗事》《〈曹娥诔辞〉与韩愈的书法世界》《苏轼其人》《〈洞庭春色赋中山松醪赋〉行书卷中的几个问题》《欧阳修与宋代的文化性格》《欧阳修的书法态度》。

2020年辽博讲堂一览表

序号	时 间	讲座题目	主讲人	单位	地点
1	2020.01.04 周日14：00	中国书画赏析——从"又见大唐"展览说开去	刘传铭	上海视觉艺术学院教授、文化艺术研究院院长	佩文斋
2	2020.10.25 周日13：30	礼出红山——牛河梁祭祀建筑群址再解读	郭大顺	辽宁省文物保护专家组组长、著名红山文化研究学者	佩文斋
3	2020.11.01 周日10：00	中国文明起源的红山模式	张星德	辽宁大学历史学院教授、博士研究生导师	佩文斋
4	2020.11.07 周六13：30	让你爱上中国字——汉字文化与书法艺术	张振忠	中国书法家协会会员、辽宁省作家协会会员	佩文斋
5	2020.11.22 周日13：30	解密牛河梁，致敬里程碑	卜 工	广东省文物考古研究所、研究馆员	佩文斋
6	2020.12.05 周六10：00	唐宋八大家对中国古代散文发展的贡献	郭 醒	辽宁大学文学院教授	佩文斋
7	2020.12.06 周日10：00	从文学到图像：宋人摹顾恺之《洛神赋图》赏析	董宝厚	辽宁省博物馆副馆长	佩文斋
8	2020.12.12 周六10：00	"韩柳"古文运动之外的轶闻遗事	初国卿	辽宁省散文学会会长	佩文斋
9	2020.12.13 周日10：00	《曹娥诔辞》与韩愈的书法世界	张盈袖	辽宁省博物馆学术研究部	佩文斋
10	2020.12.19 周六10:00	苏轼其人	孙 民	原沈阳教育学院中文系主任、鲁迅美术学院客座教授	佩文斋
11	2020.12.20 周日10：00	《洞庭春色赋中山松醪赋》行书卷中的几个问题	张 磊	吉林省博物馆陈列部馆员	佩文斋
12	2020.12.26 周六10：00	欧阳修与宋代的文化性格	郭 醒	辽宁大学文学院教授	佩文斋
13	2020.12.27 周日13：30	欧阳修的书法态度	马新宇	鲁迅美术学院教授	佩文斋

文化创意

一、文创设计研发

2020 年，辽博在集团党委的领导下，按照集团“一家一策”和文创工作的总体部署，积极开展文化创意产品的开发与合作，努力满足观众对博物馆文创产品多层次、多样化需求，先后研发出“国宝系列、玉龙系列、书画系列”等百余种既具博物馆文化内涵又与艺术和时尚生活相连的各类文创产品，并结合在全国颇具影响力的“又见大唐”“唐宋八大家主题文物展”研发出多种文创产品，逐步形成了辽博独具特色的文创产品系列。

甄选辽博馆藏 365 件国宝级文物集成的《辽博日历》，通过 12 个月份、12 个主题，包含古代绘画、书法、明清玉器、明清瓷器、碑志、铜镜、货币、辽瓷、满族民俗、玺印、佛像、丝绣等多方面文物信息概述，让我们在四季流转间感受中华五千年的匠心、灵性与底蕴。365 天，每天重拾一件文物，让我们在时光的脚步中感受古代劳动人民的审美意趣与聪明才智。每件文物配以精短的文字导读，是了解辽宁地区文物常识、历史文化的一扇窗，是让文物走进大众生活的一扇门。日历内的日期节令精选古代名家书法、碑刻集字而成，文字或雄健洒脱、或气韵生动、

01 辽博日历

02～04 部分文创产品

遼寧省博物館
LIAONING PROVINCIAL MUSEUM

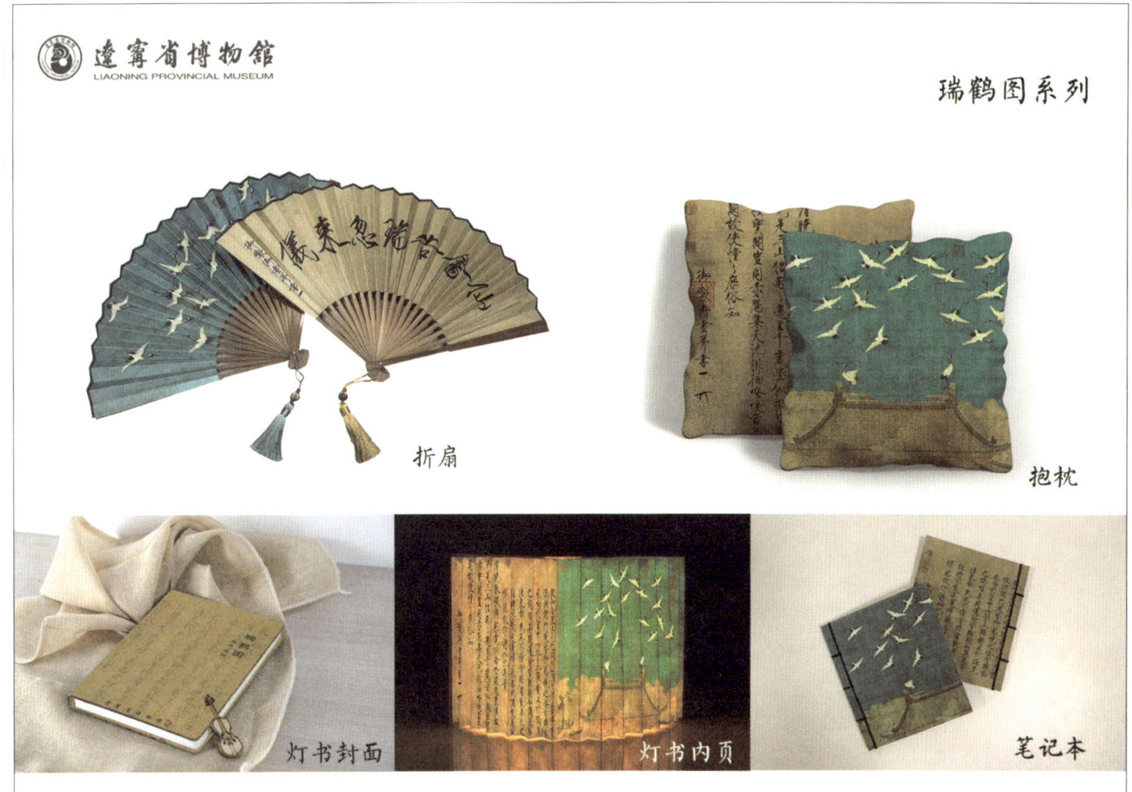

02

遼寧省博物館
古诗四帖系列

03

遼寧省博物館
古法精油皂

04

或雍容敦厚，每日可临摹研习，既如沐春风，又涵养心性。《辽博日历》封面采用红色丝纹布面烫金，喜气祥和，护封印有精美绝伦的国宝《虢国夫人游春图》四面环绕，古朴端庄的竖版内文设计，散发浓郁的传统书卷气息，扉页裸脊包背细线烫金，工艺精湛，可 180° 摊平摆放，更易于翻阅品鉴。日历内页设计有更多的留白空间，可自由记录随笔感悟，如“穿越”千年时空与国宝对话。

结合“唐宋八大家”主题文物展，以馆藏书画《瑞鹤图》为原型设计了折扇、抱枕、灯书、笔记本等一系列衍生产品；采取六曲连屏式分屏展现国宝级画作《虢国夫人游春图》的文玩花屏，该图画面不设背景，绘八骑九人出行的场面，人物衣着华丽，骏马肥硕健壮，线条细劲圆转，色彩鲜艳浓丽，集产品实用性、欣赏性于一体。

二、文创大赛

为配合“唐宋八大家主题文物展”的举行，由辽宁省文化演艺集团主办、辽宁省博物馆和辽宁文创产品研发中心承办了文创产品设计大赛。

“唐宋八大家”作为中国古代文化最负盛名的矩阵，历经风霜砥砺，千古传唱。他们践行“先天下之忧而忧，后天下之乐而乐”的政治主张，高扬“苟利国家生死以，岂因祸福避趋之”的报国情怀，涵养“富贵不能淫，贫贱不能移，威武不能屈”的浩然正气，胸怀“鞠躬尽瘁，死而后已”的献身精神，抵达了道德与人格的辉煌境界，把中华文化推向了一个崭新的高度。大赛以“唐宋八大家”的人、文、事和他们无与伦比的艺术境界为创作主题，旨在吸引更多有梦想的设计师参与到文创产品开发中，通过设计创意让文物“活起来”，从而更好地弘扬中华优秀文化和“唐宋八大家”的文人精神。

大赛自 2020 年 11 月 27 日启幕以来，面向全国共征集参赛设计作品近 500 件，经大赛组委会、专家组综合评审出 30 件获奖作品及特邀设计师作品。

01

02

03

01~07 唐宋八大家主题文创设计大赛作品展

主题文创设计大赛作品展
特邀作品
参赛作品：《唐宋八大家》
所属单位：鲁迅美术学院
参赛作品：《唐宋八大家》
所属单位：鲁迅美术学院

04

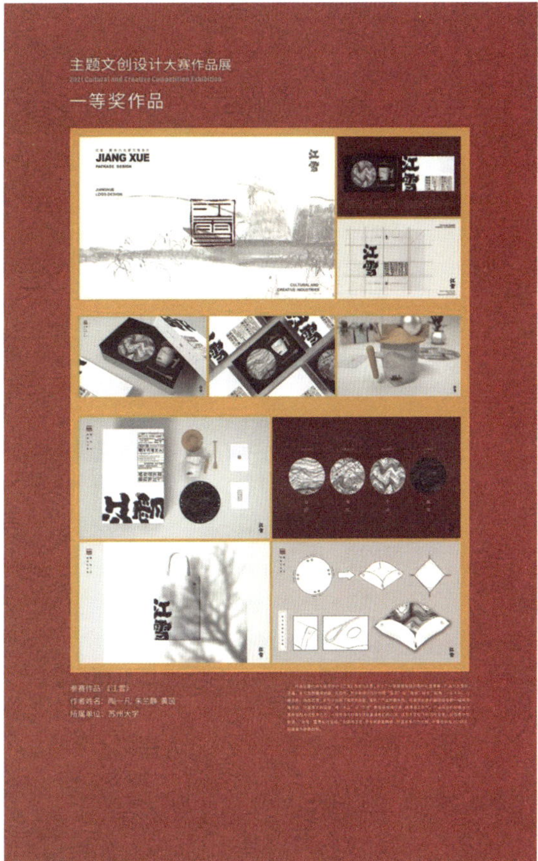
主题文创设计大赛作品展
一等奖作品
JIANG XUE
江雪
参赛作品：《江雪》
所属单位：苏州大学

06

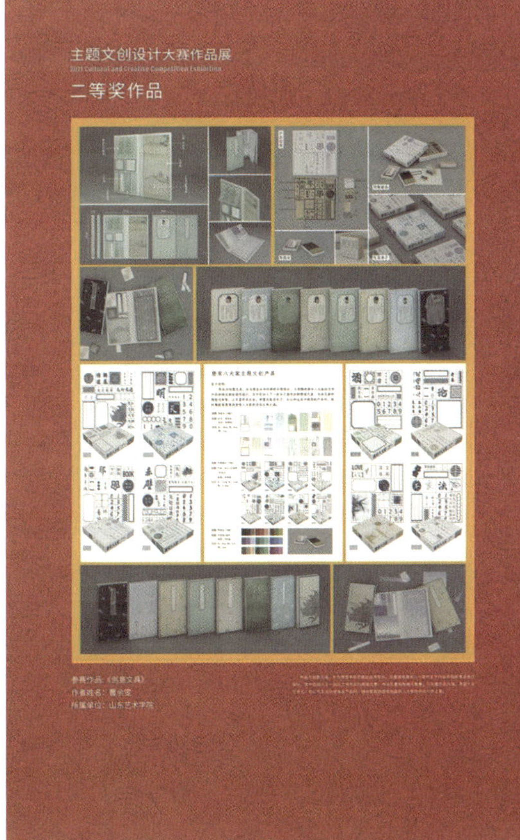
主题文创设计大赛作品展
二等奖作品
所属单位：山东艺术学院

05

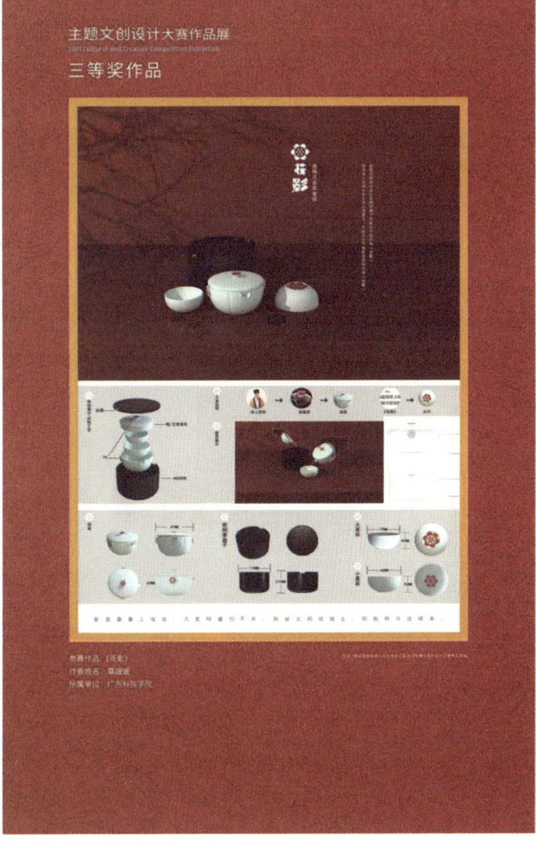
主题文创设计大赛作品展
三等奖作品
所属单位：广东科技学院

07

唐宋八大家主题文创设计大赛作品展

届艺术节
沈阳故宫文创产品
盛京
礼物
沈阳故宫博物院
SHENYANG IMPERIAL PALACE MUSEUM
辽宁省第十一届艺术节
花木兰

三、文创交流与成果展示

2020 年 9 月 15 日至 29 日，我馆在辽宁省大剧院参加了由中共辽宁省委宣传部、辽宁省文化和旅游厅共同主办，辽宁省文化演艺集团（辽宁省公共文化服务中心）协办的辽宁省第十一届艺术节文创展览活动。

本次艺术节，辽博展出的文创产品近百种，其包括荣获 2009 年国家文物局主办的首届全国博物馆文化产品评选活动一等奖的《德化瓷塑簪花仕女》，引用德化白瓷的表现手法，将《簪花仕女图》中人物形象立体化，胎质坚密，晶莹如玉，釉面滋润似脂，充分表现了画中人物的曼妙身姿和雍容之态。仿元青花松竹梅纹八棱罐造型逼真，工艺精湛，成为辽宁省政府指定对外交流礼品，并在 2010 年由中国博物馆协会永久收藏。青铜雕塑《二骏图》，以“一骏纵逸不受羁”为题材，运用浑厚的艺术手法，塑造游牧民族女真人牧马的形象，可谓是灵活运用文物元素创作文化创意产品的成功典范，2016 年在法国巴黎代表中国优秀文创作品展出，并被国内多家博物馆收藏。利用馆藏特色文物古代书法、绘画、缂丝等优势资源，开发出的高端仿真复制画、纪念品、生活用品、学习用品、工艺品、旅行用品和益智玩具等均有展出，深受观众好评。

2020 年 12 月 25 日至 29 日，我馆应吉林博物院邀请参加了长春国际会展中心举办的第五届雪博会。本届雪博会以“冬奥在北京 · 体验在吉林”为主题，独立设计文博展览、展示空间，将博物馆文创产品、文博艺术 IP 授权、文物艺术品交流与吉林非遗文化联袂呈现。自 2016 年以来，由吉林省文化和旅游厅主办，长春市人民政府和中国旅游研究院承办的“吉林国际冰雪产业博览会暨中国长春冰雪旅游节”一直秉承习近平总书记“冰天雪地也是金山银山”的发展理念，经过四年的培育和打造，已经成为吉林发展冰雪经济的有效载体，成为国内有一定影响的品牌文旅展会。此次“雪博会”进一步促进了我馆与各省市文旅及文博单位的交流，共同推进博物馆文化创意商品快速发展，在“山高水长——唐宋八大家主题文物展”开展之初，更好地增加展览宣传力度，展示展览相关文创产品。

01

02

03

福气炫彩手账笔
高弹凝胶笔杆 | 缓解书写疲劳 | 共20款复古色

04

01 ~ 02 第五届雪博会辽博文创展区
03《虢国夫人游春图》文玩画屏
04 手账笔
05 德化瓷塑簪花仕女

05

01

四、文创经营

（一）辽博雅集商店改造

在馆领导的大力支持及文创员工的集体努力下，我馆文创商店由原来的柜台式销售转变为开放式自选销售，这一转变适应了当今人们的购买习惯，并且大大提升了观众的购买欲，观众可以自主地触摸文创产品，节省了一部分人力，同时通过琳琅满目的商品及色彩绚丽的陈列，带给观众不一样的购物体验。

（二）扩大文创产品的经营种类

书籍、文具、复制画等一向是观众喜爱的文创产品，在保证原有种类不变的情况下，馆内增加了艺术家雕塑、手工铜壶、鞍山铁壶、岫岩玉件等多种带有地方特色的高端艺术品满足不同观众的精神需求。新增研发商品达到 80 余个品类，400 余种。

02

03

04

05

01 青铜雕塑《二骏图》
02 清明上河图、姑苏繁华图手账本
03 - 04 吉林国际冰雪产业博览会暨中国长春冰雪旅游节
05 全新改版升级之后文创商店辽博雅集（局部）

（三）委托合作产品研发

按照集团的工作要求和安排，辽博广开招商途径，与 11 家文创公司洽谈合作，多项工作都是在基本投入资金为零的情况下开展的。借助企业优势，研发出多个领域的文创精品，并着手于观众参与类文创的开发，根据“唐宋八大家主题文物展”，开发出现场教授并动手制作拓片的体验活动，观众不但了解了拓片的制作工艺，还亲手制作了展览纪念品，把博物馆的记忆带回了家。

（四）多途径销售渠道

文创产品在盈利、宣传博物馆文化的同时也推动了博物馆的发展，提高了博物馆的社会知名度。文创产品线下销售是最传统的销售方式，这种销售方式使消费者对文创产品有更直观的了解，可以触摸产品、综合比较产品等。为提升辽博文创服务水平，我馆注册了天猫商城扩大销售范围，发挥线上销售的作用，并且保证线上线下同价，将辽博文创图文并茂、全面立体地展现给全国的观众。

01 文创产品：唐宋小古人趣味游戏书及套盒

02 辽博雅集

文化交流

2020年度文化交流展览一览表

序号	展览时间	展览名称	展览地点
1	2020年1月—（巡展中）	“三国志”文化展（国内巡展）	中华世纪坛艺术馆、深圳市南山博物馆、苏州吴中博物馆
2	2020年6月30日—2021年9月18日	永为记验——东北名碑拓本精粹展	旅顺博物馆分馆二楼临时展厅
3	2020年8月28日—2020年11月28日	领异标新——清代扬州画派精品展	广州艺术博物院
4	2020年10月17日—2021年5月5日	玉出红山——红山文化考古成就展	中国国家博物馆北9（N9）展厅
5	2020年10月17日—2021年1月17日	风・雅宋——宋代文物展	开封市博物馆中意湖馆区一楼8号展厅
6	2020年11月13日—2021年2月28日	知己有恩——齐白石的师友情缘	北京画院美术馆
7	2020年12月23日—2021年3月15日	天地徒存此老丁——陈半丁书画作品展	旅顺博物馆分馆二楼临时展厅
8	2020年12月25日—2021年5月18日	大海就在那儿——中国古代航海文物大展	中国上海航海博物馆

□“三国志”文化展（国内巡展）

参展件数：6件/套

展览时间：2020年1月—（巡展中）

展览场地：中华世纪坛艺术馆、深圳市南山博物馆、苏州吴中博物馆

展览情况：

“三国”是中国历史上一个重要的历史时期，其政治、经济、文化对后世产生深远影响的同时，也让其中的英雄故事与人物家喻户晓。千百年来，对三国历史解读的热度从未减退，史家注疏纷纭，街巷史话传扬，三国往事成为中国历史中最为闪光的一页。三国出土文物既展示了那段波澜壮阔的历史画面，也赋予人们对过往历史风云的无限遐想。2019 年 7 月至 2020 年 1 月，在国家文物局、中国驻日本大使馆的支持下，“三国志”展先后在日本东京国立博物馆、九州博物馆展出，获得国内外的广泛关注和一致好评。

自 2020 年 1 月始，该展举行归国巡展，先后在中华世纪坛艺术馆、深圳市南山博物馆、苏州吴中博物馆等地展出。展览汇集了来自中国 18 个省市自治区 46 家文博单位的 230 余件（套）珍贵文物，以独特视角全景呈现了三国时期的历史面貌和最新考古研究成果，并透过文物触摸文化，向观众讲述了三国的政治思想与权力结构、经济体制与

01 展览海报
02、03 展览现场
04 金马书刀
05 毌丘俭纪功残碑

军事战略、社会民生与文学艺术对于中华文明发展进程的贡献与影响及其在当下的现实价值。辽宁省博物馆共 6 件（套）文物参与此次展览，其中一级品 1 件（套）。

01

02

03

04

05

01

02

03

04

01～04『永为记验——东北名碑拓本精粹展』展览现场

05、06『领异标新——清代扬州画派精品展』展览现场

07 金农《花卉册 枇杷图》

□永为记验——东北名碑拓本精粹展

参展件数：15件/套

展览时间：2020年6月30日—2021年9月18日

展览场地：旅顺博物馆分馆二楼临时展厅

展览情况：

碑刻，泛指刻石文字或图案，它记述历史，储藏记忆，是一个地区乃至国家历史与文化的重要载体。在碑刻上覆纸锤拓形成的拓本称为碑帖，碑帖是保护与传承碑刻文字及碑刻内容的有效形式，让湮没于历史之河的珍贵文物信息悄然长存。

旅顺博物馆收藏的历代碑刻拓本中，以东北名碑拓本最具特色。这些拓本多经名人递藏，流传有绪，历史价值大。拓本原碑既包括边疆地区特有的边界碑、开荒拓土的建制碑，也包括曾经活跃于东北地区的名人墓志。

本次展览是东北地区名碑拓本的首次集中展示，精选旅顺博物馆藏东北名碑拓本，兼有东北地区其他博物馆收藏的名碑拓本及资料，将从魏晋至唐、辽金元、明清三个时期来介绍东北碑刻拓本的文化特点，设置特别展区展出东北三大名碑拓本，不仅可以让观众真切感受东北地区独特的碑刻文化，而且对弘扬东北地区独特的历史与文化、增强民族自尊与自信无疑具有巨大作用。辽宁省博物馆共有15件（套）文物参与此次展览。

□领异标新——清代扬州画派精品展

参展件数：22件/套（69单件）

展览时间：2020年8月28日—11月28日

展览场地：广州艺术博物院

展览情况：

“扬州画派”是清代康雍乾时期，以金农、郑燮、黄慎、汪士慎、李方膺、李鱓、高翔、罗聘等为代表的活跃于扬州地区的艺术追求相近的画家群体的总称。这些画家在继承文人写意画传统的基础上，以“领异标新”为意趣，各自创格，诗、书、画融为一体，将文人艺术的特点发挥得淋漓尽致，对近现代写意画的高度发展产生了深远的影响。

05

06

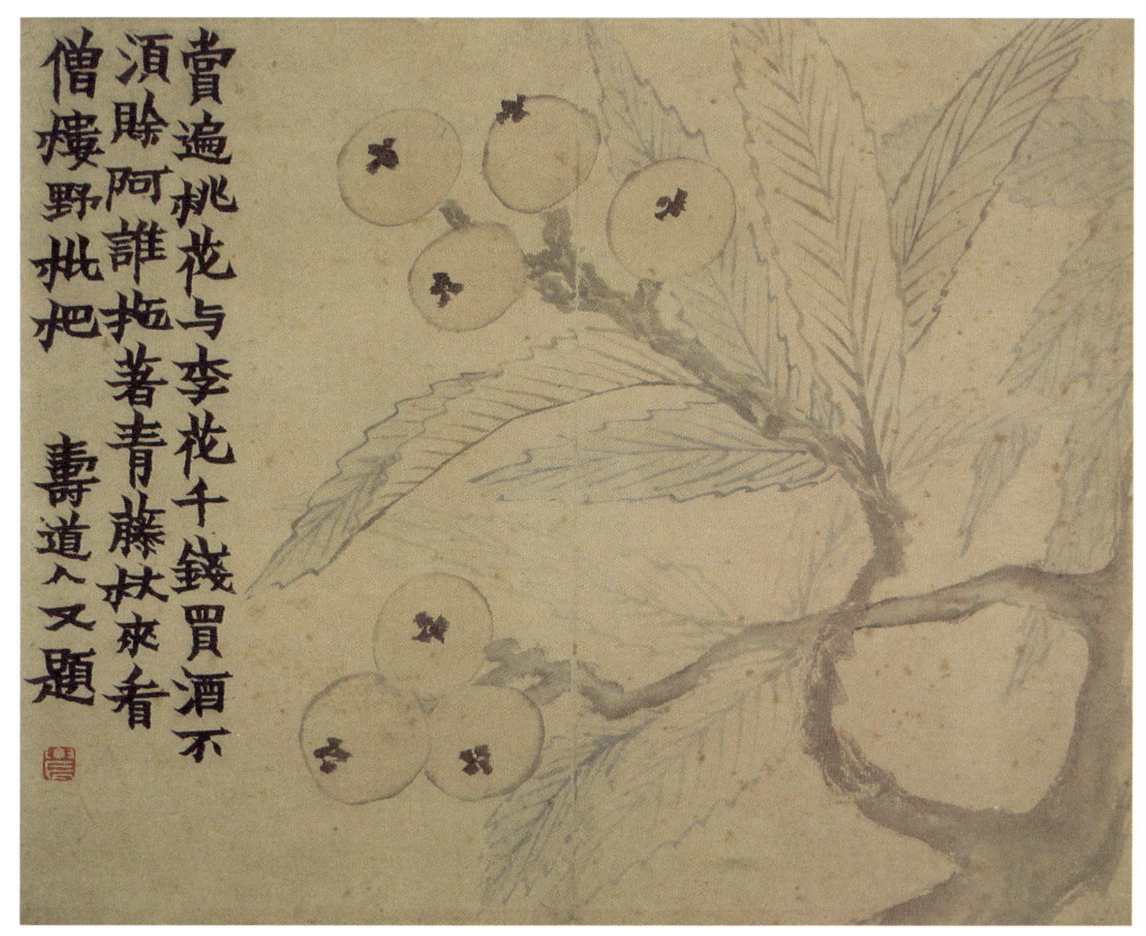

07

辽宁省博物馆与扬州博物馆、广州艺术博物院共同参与举办此项展览，展览共展出扬州画派书画作品 126 件 / 组（230 单件），分为“扬州八怪”“扬州画派其他画家”“岭南回响”三个单元，较为完整地呈现了清代扬州地区独特的经济、人文环境所孕育出的地区画派的艺术特点，以及岭南美术与扬州画派的关系。辽宁省博物馆共 22 件（套）（69

01

02

01 展览海报

02 郑燮《幽兰图轴》

单件）文物参与此次展览。

□玉出红山——红山文化考古成就展

展览时间：2020年10月17日—2021年5月5日

展出地点：中国国家博物馆北9（N9）展厅

展览情况：

中共辽宁省委宣传部、辽宁省文化和旅游厅（辽宁省文物局）、辽宁省文化演艺集团（辽宁省公共文化服务中心）、辽宁省博物馆会同中国国家博物馆共同举办“玉出红山——红山文化考古成就展”，以辽宁省红山文化科学考

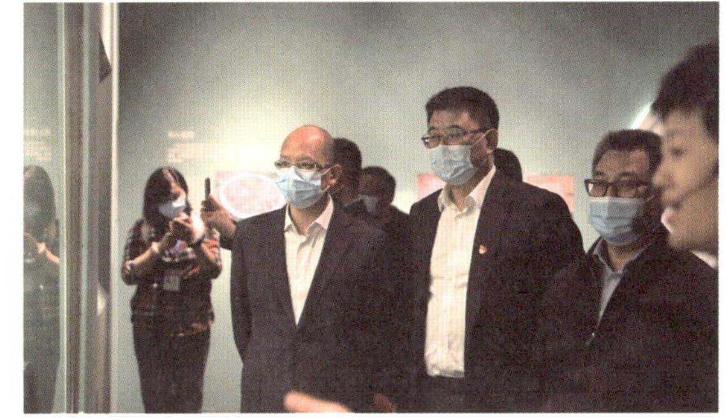

03

04

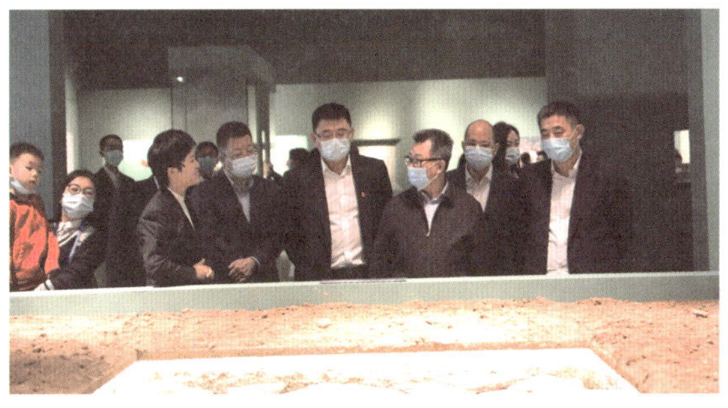

05

03 中国国家博物馆馆长王春法、辽宁省委宣传部副部长农涛、辽宁省文化演艺集团（辽宁省公共文化服务中心）党委书记、主任韩伟参观展览

04、05 中国国家博物馆馆长王春法、国家文物局副局长关强、辽宁省委宣传部副部长农涛、辽宁省文旅厅党组书记、厅长张克宇、辽宁省文化演艺集团（辽宁省公共文化服务中心）党委书记、主任韩伟参观展览

06

06 『玉出红山——红山文化考古成就展』开幕仪式

古发掘的文物为基础，展品中 152 件（套）为辽宁省博物馆、辽宁省文物考古研究院藏品，依托最新的学术研究成果，在内容设计上深度解读了红山文化对后世“礼制”的影响，让观众在欣赏和了解五千年前西辽河流域灿烂文明的同时，更深层次地认知中华文明的核心要义，增强对中华民族精神的归属感，同时提升国民的文化自信心。

□ 风 · 雅宋——宋代文物展

参展件数： 2件/套

展览时间： 2020年10月17日—2021年1月17日

展览地点： 开封市博物馆中意湖馆区一楼8号展厅

展览情况：

“风 · 雅宋——宋代文物展”是开封市博物馆中意湖馆区建成以来策划举办的最大规模临时展览，于 2020 年“中国 · 开封菊花文化节”期间开幕。展览充分依托开封优秀历史文化资源，深入挖掘宋文化，大力弘扬和传播宋代优秀文化，联合陕西、河南、浙江、江西、辽宁、天津 6 省市 15 家文博单位，选取其中最能体现两宋世俗生活和文人风雅的 316 件（套）珍贵文物进行展出，以文物为主，并利用场景复原、多媒体互动等手

01
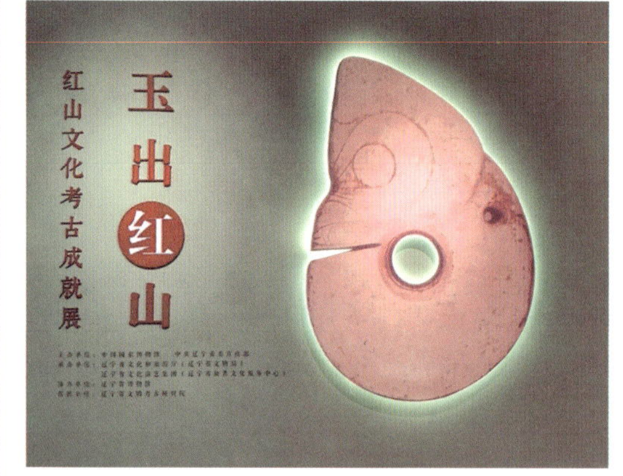

02

03

04

05

01《玉出红山——红山文化考古成就展》序厅

02～04《玉出红山——红山文化考古成就展》部分展品

05『风 · 雅宋——宋代文物展』展览现场

段，展示宋人淡雅中不失时尚，平实中不失浪漫，闲适悠游，潇洒惬意，如诗如画的优雅生活。辽宁省博物馆有2件文物参展，分别为一级品《宋徽宗赵佶行书蔡行敕》卷和三级品《于非闇摹赵佶瑞鹤图》卷。

06

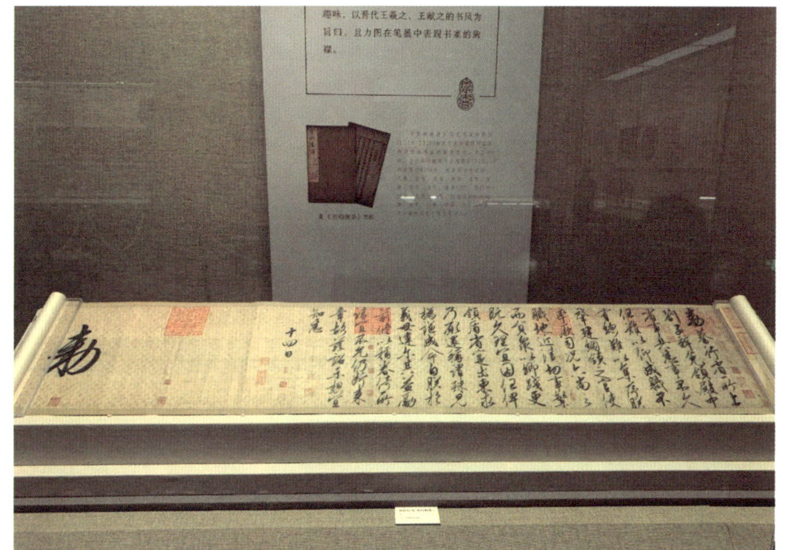

07

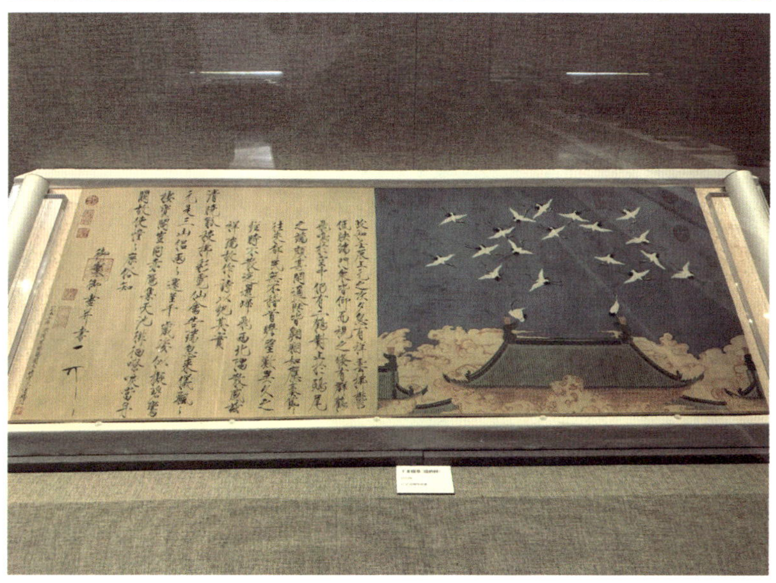

08

06 『风·雅宋——宋代文物展』序厅
07 宋徽宗赵佶行书蔡行敕卷
08 于非闇摹赵佶瑞鹤图卷

01

01 陈半丁 元人诗意图轴

02、03 旅顺博物馆、辽宁省博物馆合作：『天地徒存此老丁——陈半丁书画作品展』展厅

04 『知己有恩——齐白石的师友情缘』展览海报

05、06 『知己有恩——齐白石的师友情缘』展览现场

□天地徒存此老丁——陈半丁书画作品展

参展件数： 24件/套

展览时间： 2020年12月23日—2021年3月15日

展览场地： 旅顺博物馆分馆二楼临时展厅

展览情况：

由大连市公共文化服务中心、辽宁省文化演艺集团（辽宁省公共文化服务中心）主办，旅顺博物馆、辽宁省博物馆承办的“天地徒存此老丁——陈半丁书画作品展”在旅顺博物馆分馆二楼展厅举办，展览共分为“不见人烟空见花——花卉篇”“天下几人画山水——山水人物篇”“处事无忧笔一杆——书法篇”三个单元，共展出旅顺博物馆和辽宁省博物馆收藏的陈半丁书画作品76件。此次举办陈半丁书画展，其作品不仅反映陈半丁先生综合的艺术风格，展现传统文脉传承的精神指向，也展示了20世纪中国绘画艺术的独有特点，对于今天我们坚持文化自信、继承和发扬中华优秀传统文化具有重要意义。辽宁省博物馆共24件（套）文物参与此次展览。

02

03

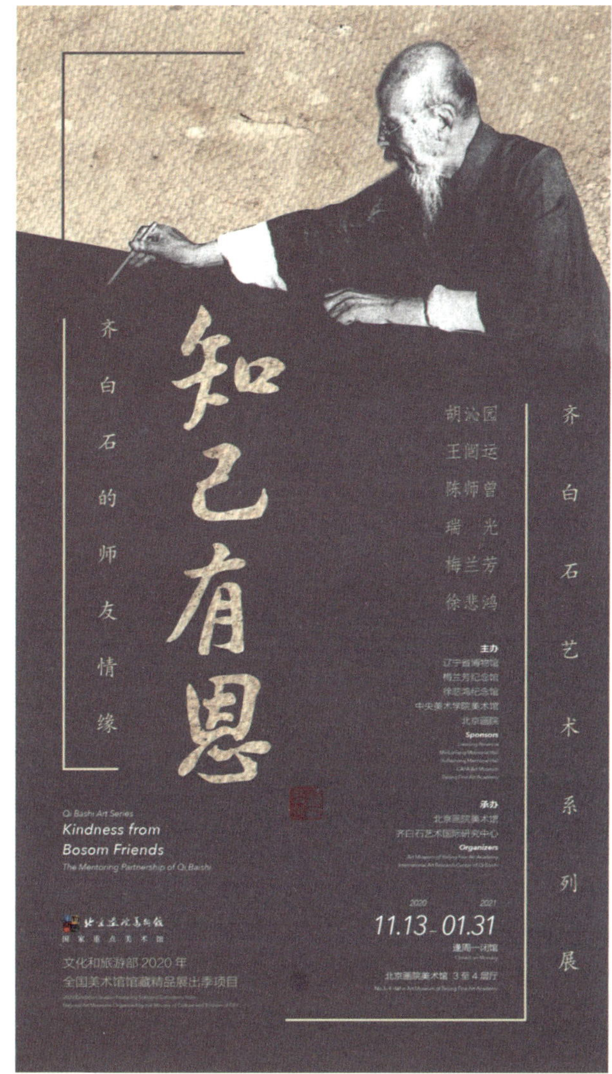

04

□ 知己有恩——齐白石的师友情缘

参展件数：11件/套（22单件）

展览时间：2020年11月13日—2021年2月28日

展览场地：北京画院美术馆

展览情况：

齐白石与师友之间的交往为后人留下许多文化逸事，他们真挚的情谊也让人感受到一份温暖。在艺术天分和不断努力的背后，齐白石以其自身的朴素与真诚，心怀感恩的人生态度，获得了更多人的尊敬。与良师益友的交往，不但促成了齐白石艺术上的突破，也在客观上为他赢得了更多的人生际遇。恩师、知己、友人的提携与帮扶，共同促成了齐白石在艺术上的伟大成就。

本次展览汇集了辽宁省博物馆、北京画院、梅兰芳纪念馆、徐悲鸿纪念馆等文博机构珍藏的齐白石及其师友书画、文献作品百余件（套），围绕齐白石的艺术交游进行研究、策划，重点选取了与齐白石人生历程与艺术发展息息相关的六位关键人物：胡沁园、王闿运、陈师曾、瑞光、梅兰芳、徐悲鸿，从他者的视角聚焦齐白石，讲述齐白石与师友之间艺术交往的点

05

06

01

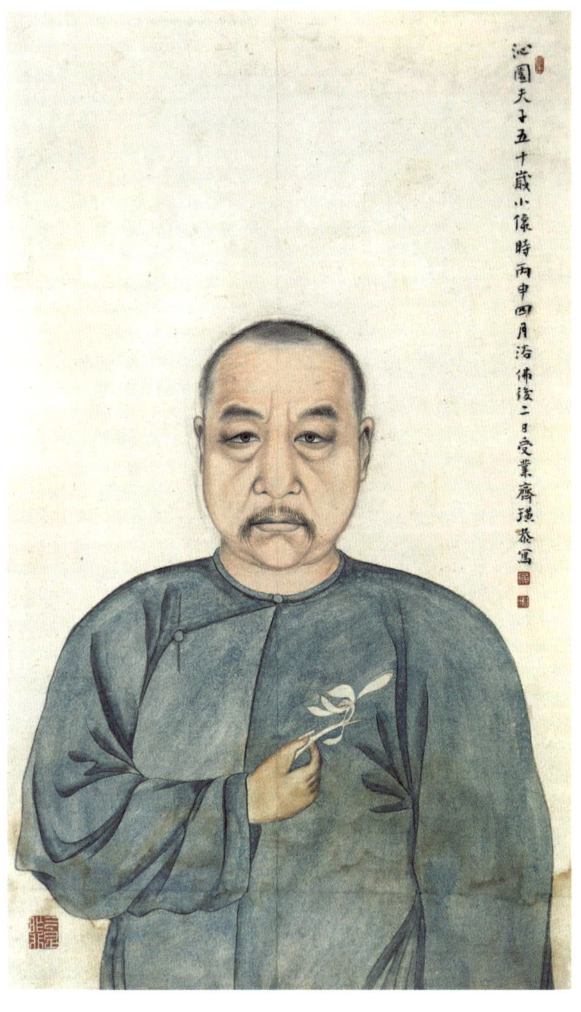

02

滴故事。辽宁省博物馆共 11 件（套）、22 单件文物参与此次展览。

□大海就在那——中国古代航海文物大展

参展件数：4件/套（11单件）

展览时间：2020年12月25日—2021年5月18日

展览场地：中国航海博物馆

展览情况：

“大海就在那——中国古代航海文物大展”是中国航海博物馆 2020 年度压轴大展。展览联合中国沿海 10 省市 25 家博物馆，通过 160 余件 / 套精品文物，展示中国千年航海历程，为观众讲述中国航海故事，传播中国航海声音。展品

01 齐白石 老虎图（1897 年）

02 齐白石 沁园夫子五十岁小像（1896 年）

03、04『大海就在那——中国古代航海文物大展』展览现场

05 两仪玄览图

中不乏大量镇馆之宝级别的文物，在中国航海史中意义非凡。本次展览分“联通大洋”“异域奇珍”“海史掠影”“海贸物语”“信仰之舟”“东西互鉴”六个部分，从科技、物质、历史、贸易、信仰、文化等不同角度，展示中国古代航海的历史、科技、艺术和文化，品读源远流长、博大精深的中华航海文明。

展览特设沉船主题展示区域，汇聚“南海 1 号”“华光礁一号”“三道岗沉船”“大练岛沉船”“万历号”“南澳一号”“碗礁一号”“小白礁一号”“泰兴号”九艘知名沉船出水文物，带领观众穿越时空，梦回海上丝绸之路。展览还重点介绍了郑和下西洋、抗击倭寇、册封琉球等五大航海史关键时间，追忆航海技术成熟后中国先人在航海中的探索与成就。辽宁省博物馆共 4 件（套）、11 单件文物参与此次展览。

03

04

05

新闻宣传

彩笔新题著华章

在省文化集团的领导下，我馆坚持“一家一策”改革实践，力求将传统的文物展陈模式打造成文化传播事件。作为提升博物馆影响力的有效途径，对外宣传工作的重要性尤为凸显。2020年，我馆在对外宣传工作中认真落实省文化集团的决策部署，积极推动博物馆文化传播，通过探索新模式、新形式，以谋求新突破，打造为公众服务的文化宣传新阵地。

快速响应，开启线上宣传文化服务新模式

受疫情影响，我馆从1月24日至3月23日暂停对外开放。除夕当天上午，坚守岗位的工作人员在接到上级通知后，迅速编辑发布了临时闭馆公告，让公众第一时间了解到博物馆为保障观众的健康和安全而采取的有效措施，同时也开启了线上宣传文化服务的新模式。

我馆坚持“闭馆不闭展”，在官方网站推出虚拟全景展览13个，其中“又见大唐”网上VR展被列入“国家文物局推送第二批全国博物馆网上展览资源”。在官方微信推出公共文化栏目“辽博在线”，积极推介“喜到新年百事多吉利”“瑞鼠吐宝——庚子鼠年新春生肖文物图片联展”等展览内容，并增设“抗击疫情，辽博与您在一起”专栏，进一步向公众宣传普及防疫知识。通过官方微博对“足不出户看辽博”这一话题进行持续推送，系列内容被国家文物局官方微博纳入“文博机构微博线上云观展合集”。

在国家文物局的指导下，抖音联合包括辽宁省博物馆在内的九家博物馆，共同发起“在

辽宁省博物馆关于临时闭馆的公告

辽宁省博物馆 2020 01 24

尊敬的观众：

根据新型冠状病毒感染的肺炎疫情防控工作需要，避免人员聚集导致的传染风险，辽宁省博物馆从即日起（1月24日）暂停对社会开放，具体开馆时间根据实际情况另行通知。计划来馆参观的朋友请密切关注我馆官方网站、官方微博和微信公众号（微信号：lnmuseum1949）。给您带来的不便，敬请谅解！

在此恭祝大家新春快乐！阖家安康！

辽宁省博物馆

2020年1月24日

01

辽宁省博物馆

2-12 12:22 来自 微博 weibo.com

#文物系荆楚祝福颂祖国# @中国文博 @文博头条

因为鼠的繁殖能力极强，被人奉为“子神”；又因其常活跃于粮仓和田地，也被奉为“仓神”。古人常把老鼠的形象或刻或塑于石头、陶器、玉器、金属之上，用以祈福求安。【清 青玉双鼠坠】【明 青玉透雕葡萄松鼠饰件】【清 白玉透雕松鼠葡萄饰件】

#足不出户看辽博# #瑞鼠吐宝# #辽博文物#

02

01 官微上发布的辽宁省博物馆关于临时闭馆的公告

02 『足不出户看辽博』这一话题的相关微博

03 2020年2月21日《中国文物报》关于『在家云游博物馆』直播活动的报道

04 我馆设计的九款主题海报

05 『华夏儿女 守望相助』主题直播

国家文物局指导推出“在家云游博物馆”直播活动

本报讯 为丰富抗击疫情期间人民群众精神文化生活，发挥文物资源积极作用，由国家文物局指导，抖音联合中国国家博物馆、敦煌研究院、南京博物院、湖南省博物馆、浙江省博物馆、辽宁省博物馆、山东博物馆、山西博物院、广东省博物馆等九大博物馆推出“在家云游博物馆”直播活动。各馆将派出强大讲解员阵容，同时邀请跨界嘉宾参与，直播讲解本馆重要线上展览，让观众足不出户欣赏珍贵文物。

活动于2月20日晚19点开始，在抖音搜索“博物馆”，即可进入“在家云游博物馆”活动页面。

（博 宣）

03

04

05

家云游博物馆”直播活动，以强大的阵容、新颖的形式，获得了观众的认可与媒体的关注。虽然2020年伊始，“又见大唐”展就落下帷幕，但是作为世界范围规模最大的以唐代书画呈现大唐风韵的展览，此次展览的热度仍在延续。借助“在家云游博物馆”直播活动，和大家一起在线重温经典展览，分享全新的视觉盛宴。

尽责担当，推进线上线下交融互动新形式

面对突如其来的疫情，各行各业的人们尽职担当、携手战“疫”。2月11日，国家文物局官方微博“中国文博”发起“文物系荆楚 祝福颂祖国”活动，140余家国内外文博机构先后参与其中，我馆也根据馆藏特色和自身文化资源优势，专门设计并发布了九款主题海报，完成了与其他单位的祝福接力，在抗击疫情的文化战线上贡献自己的力量。

作为新中国建立的第一座博物馆，我馆也主动承担起应尽的社会责任。4月15日，“文物系荆楚 祝福颂祖国”接力海报展正式开展，这是我馆恢复开放以来承办的首场展览，也是这一主题海报全国巡展的第一站。开展当天，我馆与13家博物馆联动，在多个平台进行直播接力，为观众讲解文物海报背后的故事。其中，我馆“华夏儿女 守望相助”主题直播观看达37.4万人次，取得了良好的社会反响。

继“文物系荆楚 祝福颂祖国”接力海报展之后，我馆还于“5·18国际博物馆日”期间推出了另一场抗“疫”、战“疫”题材展览“启示——人类抗疫文明史”。围绕这一展览及“5·18国际博物馆日”，积极开展宣传推介活动，在与新华网、人民网等媒体平台密切合作的同时，采用线上线下相融合的形式来扩大展览与活动影响力，与公众一起共享文化盛宴。我馆特邀“启示——人类抗疫文明史”展览策划和文案特别顾问、故宫博物院原常务副院长李季研究员为展览开幕录制视频，让公众有机会了解专家对展览主题的深刻解读；录制“5·18 国际博物馆日”主题宣传活动，在网站、微信、微博上同步推出，大家足不出户就可以欣赏到精彩的文艺表演。

深化合作，助力新闻宣传推广实现新突破

近年来，我馆努力构建开放性宣传格局，与各级媒体紧密合作，掀起一波又一波宣传“辽宁有国宝、辽宁有历史、辽宁有文化”的热潮。2020 年围绕各项展览及活动，媒体报道累计 1593 次，媒体接待 135 场次。特别是年底推出的“山高水长——唐宋八大家主题文物展”，更是引发了海内外媒体的关注。央视《新闻联播》报道了展览开幕盛况，《人民日报》、新华网等中央媒体推出专题报道 58 期；以《辽宁日报》为主的省级媒体参与报道 354 次，携手辽宁广播电视台、沈阳广播电视台等推出视频形式报道 40 余次；相关内容屡上“学习强国”，其主平台推出“辽宁省博物馆：唐宋八大家主题文物展”专题。

多维度的媒体报道也推动了辽博文化传播效能的实现，伴随宣传热潮而来的是我馆知名度、美誉度的提升。在《2020 年度全国博物馆（展览）海外影响力评估报

01

CCTV 1 综合

联播快讯 央视记者 季焰非 刘纵雷 时本军 辽宁台

新闻联播 XINWEN LIANBO

“唐宋八大家主题文物展”在沈阳开展

02

CHINA

Exhibition showcases Tang and Song dynasty arts

China looks to prevent return to poverty woes

Policies, support to remain in place for counties that recently escaped problem

03

04

01 「5·18 国际博物馆日」媒体采访现场

02 ~ 04 部分媒体报道截图

05 「学习强国」主平台上「辽宁省博物馆：唐宋八大家主题文物展」专题

06 全国博物馆海外综合影响力 TOP10（前十名）

05

排名	博物馆名称	综合影响力指数
1	故宫博物院	82.00
2	上海博物馆	38.27
3	河南博物院	34.78
4	中国国家博物馆	34.26
5	山东博物馆	33.54
6	秦始皇帝陵博物院	29.01
7	辽宁省博物馆	27.77
8	首都博物馆	27.45
9	浙江省博物馆	26.55
10	湖南省博物馆	25.99

06

告》中，我馆位列“全国博物馆海外综合影响力”榜单第七位，“综合类博物馆综合影响力”榜单第六位；由中国科学院主管、科学出版社主办的《互联网周刊》2020年度综合类博物馆排行榜中，我馆排名第七位。

在不断深化与报纸、广播、电视等传统媒体合作的过程中，进一步擦亮了辽博文化品牌，积极推进文旅融合发展。我馆“山高水长——唐宋八大家主题文物展”被《辽宁日报》列为辽宁省2020年重点文化事件。由沈阳日报社、沈阳广播电视台联合主办的“最受欢迎的沈阳十大旅游景点”评选活动中，辽博脱颖而出，成功入选“沈阳新十景”。

多元发展，打造为公众服务的宣传新阵地

在充分发挥传统媒体的传播优势的基础上，我馆注重发挥微信、微博、云平台等新媒体的传播优势，以此延伸博物馆的文化服务空间，并以重大展览及活动为契机，努力实现与新媒体的合作共赢。积极助推央视“如果国宝会说话”第三季宣传推广活动，深入讲好文物背后故事；与辽宁经济广播《文化之旅》联合推出“电波通辽博”系列节目，在电台和辽博官微上陆续更新17期；与《辽宁日报》合作打造“探宝”系列节目，利用辽博官微和辽报新闻客户端平台，向公众介绍馆藏精品文物；配合“山高水长——唐宋八大家主题文物展”，我馆首开夜场，举办“群星璀璨的历史天

3　综合新闻　　编辑：王若若　责任编辑：赵　威　美编：马　凌　2020年5月19日　星期二　　沈阳日报

沈阳新十景　遇见大历史

▶一宫两陵

聿造故宫，故宫赫赫，它是乾隆御制《盛京赋》中极尽溢美的故宫；它是全国仅存的两大古代宫殿建筑群之一；它是清文化的发端，也是今日沈阳的大美景致与城之骄傲。沈阳清昭陵（北陵）是大清第二代开国君主皇太极与孝端文皇后的陵墓，沈阳清福陵（东陵）是清太祖努尔哈赤及其皇后叶赫纳喇氏的陵墓，它们与沈阳故宫一齐统称为"一宫两陵"。2004年7月1日，"一宫两陵"被联合国教科文组织列入《世界文化遗产名录》。

▶张氏帅府博物馆

"一座大帅府，半部民国史"，它曾是奉系军阀首领张作霖与其子爱国将领张学良主政东北时期的官邸和私宅，被誉为"东北第一名人故居"。这里，有张家父子二人叱咤风云的政治生涯和跌宕起伏的传奇人生，这里，无言展述的是雄壮、历史、硝烟以及些许浪漫的余味。

▶中共满洲省委旧址纪念馆

它是中国共产党在东北设立的第一个最高领导机构（东北局前身），是党在东北革命的源头和摇篮，刘少奇同志等老一辈革命家在这里领导东北人民进行了艰苦卓绝的革命斗争和抗日斗争；中国第一份抗日宣言《中共满洲省委为日本帝国主义武装占领满洲宣言》从这里发出，星星之火自此燎原，抗日烽火燃遍白山黑水。

▶沈阳"九·一八"历史博物馆

1931年9月18日，日本发动了侵略我国东北的"九·一八事变"，标志日本帝国主义侵华战争的开始。博物馆通过大量文物、史料及多种展示手段，再现了东北人民和全国人民一道，在中国共产党领导下不屈不挠、浴血奋战，最终取得抗日战争伟大胜利的历史画卷。勿忘国耻，振兴中华，铭记历史是为了更好地前行。

▶中国工业博物馆

中国首个工业博物馆坐落于东北沈阳，百年中国工业的历史和变迁在这里得到全面的展示，源远流长，沧桑厚重。展物含多项"工业之最"，如世界最大口径的铸管、最大的超高压断路器壳体、最大的立车横梁铸件、最薄的铸件等等；还记录了多个"中国第一"，如中国第一个铸造用机械手、第一个自主研发的管模、第一根超高压管的样管、第一台万能钻床等等。

▶辽宁省博物馆

它是新中国第一座博物馆，享誉海内外，展示中国古代各历史时期的文明成就，已经成为民族优秀传统文化的传承者和保护者；现有馆藏文物近12万件，《曹娥诔辞》《唐摹王羲之一门书翰》《草书古诗四帖》《簪花仕女图》《草书千字文》《瑞鹤图》等重磅珍品皆可得见，件件瑰宝。

沈阳清昭陵（北陵）。

"沈阳新十景"是"新名片"

□孙连宇

每周话题

近日，市委主要领导在调研盛京皇城改造提升工作时强调，打造沈阳旅游市场，要坚持统筹的思维、协调的理念，依托悠久厚重的文化资源，充分融合，使之更富内涵、更具竞争力，进而吸引人气、繁荣商气、集聚财气，让更多的人了解沈阳、爱上沈阳。

巧的是，"最受欢迎的沈阳十大旅游景点"评选公众投票环节，5月5日24时已结束，最终结果于今日公布，此后还会通过全方位宣传、广覆盖活动、多渠道营销等措施，进一步扩大"沈阳新十景"的知名度和影响力，打造沈阳"文化旅游"新名片。

两相联系，一目了然。文化将成为沈阳旅游的脉络与主干，使之形神合一，骨肉丰满。新冠病毒疫情防控期间，各地旅游业受到很大冲击。可以想见，当疫情结束，文旅产业必然迎来新的高潮。我们未雨绸缪，修炼内功，整合了旅游资源，明确了旅游亮点，正是为新的旅游季攒人气、定调子。当今旅游业已发展到"全民旅游和个人游、自驾游为主的新阶段"，沿袭过去的"景点旅游"模式很难满足游客需求，我们要用文化串起"沈阳新十景"，使沈阳旅游资源向全城全季转变，不再斤斤计较"门票""流量"，而是着眼文旅产业在全沈阳花开。

全域旅游通过"旅游+"的方式带动周边，包括规划、开发一批文化休闲、生态观光、商务会展、休闲度假、乡村旅游等跨界新业态。我们要导流游客、提升服务、丰富体验，不再把旅游作为直接营利点，而是当成"名片"，当做"招牌"，使整个城市服务业受益。

做精特色旅游的关键在文化。不管是厚重悠久的历史文化，还是随着人类需求应运而生的现代休闲文化，人们对于日常之外的民风民俗、奇闻趣事、历史细节等大都充满好奇。得益于热门的清宫剧，"盛京文化"本身就自带流量。我们要以清文化为切入，发掘民族文化、民俗文化，使之与旅游发展充分融合，这不仅会使我们丰富的历史文化得到保护传承，也让人们通过发展旅游走上致富路。

发展旅游也好，振兴经济也好，核心在"人"。有人气，才能够有商气、有财气。我们必须通过吸引人、留住人，做好人力资源这篇大文章。前一段时间，沈阳放开落户制度，今年前4个月，户籍人口增加1.1万人，就是夯实了振兴发展的基础。如今，我们通过发展旅游、做精景点，讲好沈阳故事，树立沈阳形象，更有利于实现高质量发展、新时代振兴的目标。我们不仅要让管理者、经营者参与其中，更要广大游客、居民共同参与建设，做到人人都是旅游形象、旅游景点，以此增强居民获得感和实际受益。

发展旅游，建设城市，一头连着民生福祉，一头连着社会发展，是实现跨越发展的关键路径；传承文化，塑造形象，是彰显特色的需要，也是转型发展的抓手，必须全局思维通盘考虑。全市上下要依托东北中心城市的区位优势和深厚历史文化的传统优势，把"沈阳新十景"整体打造成沈阳"新名片"，让沈阳旅游"活起来""火起来"。

01

空"诗歌晚会，6.3 万人次通过"辽宁文化云"在线观看直播，《中国日报》全平台直播点击量达 744 万。

随着融媒体时代的到来，博物馆的文化传播方式也发生改变，在疫情防控常态化的背景下，官方微信、官方微博等新媒体，逐渐成为我馆对外宣传的新阵地。一年来，官微全年发布文章 170 余篇，粉丝数量达 17.6 万。在官微建设上，顺利完成了"儿童体验馆"开馆推介、"天半人半——纪念陈半丁逝世五十周年特展"展览推介等系列内容的宣传推送。其中"山高水长——唐宋八大家主题文物展"相关推送的阅读量累计达 183179 人次。"高中课本里的文物""邮票上的文物"等推文一经发布，即被"学习强国"学习平台转载，亦受到不少学校和学生朋友的关注。

2020 年，我馆官博实现了常态化运营，全年共计发布微博 249 条，总阅读量突破 460.3 万次；并陆续推出了近十个话题栏目，参与矩阵活动 20 余次。在疫情防控期间推出的原创微博话题"足不出户看辽博"阅读数达 124.4 万，并且尝试推出线上线下相融合的话题活动。四月末，辽博 80 余件馆藏珍贵文物以图片的形式

01 辽博入选『沈阳新十景』之一

02 官微上『高中课本里的文物——辽博馆藏文物欣赏』特辑

03 辽博文物图片点亮沈阳地铁十号线

04『当文物遇见地铁』入围『2020 文博新媒体论坛创新活动』

普通高中教科书
美术（必修）美术鉴赏
人民美术出版社
第二单元 图像之美——绘画艺术
《虢国夫人游春图》

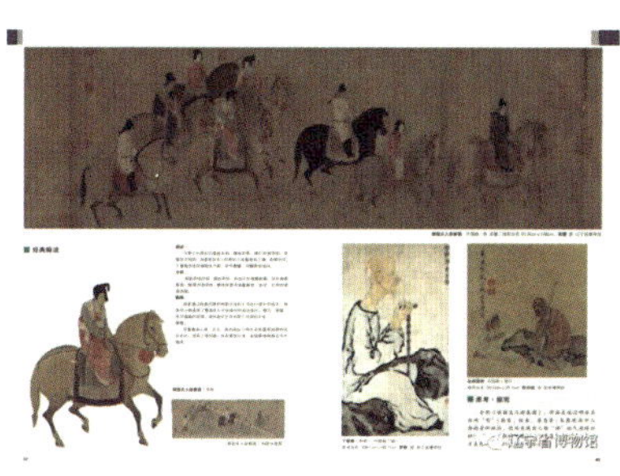

北宋 摹虢国夫人游春图卷
辽宁省博物馆藏

设色临唐张萱画虢国夫人出游的情景。整个画面主体突出，景象豪华，形象逼真。用游丝描法细劲圆转，色彩浓润，有“态浓意远淑且真，肌理细腻骨肉匀”的特点。画面前隔水金章宗完颜璟瘦金体“天水摹张萱虢国夫人游春图”题签一行并钤明昌诸玺，后有清王铎于1649年观款。曾经宋内府、金内府、南宋史弥远、贾似道、清王长恒、梁清标收藏，后入清内府，《石渠宝笈》续编著录。

02

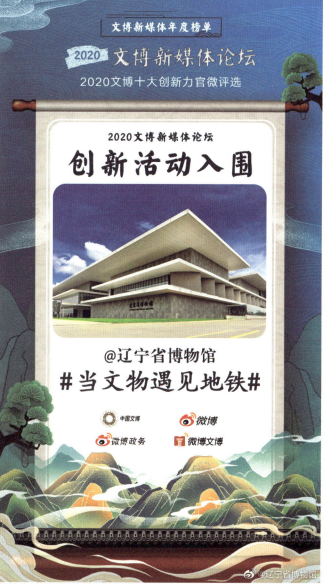

亮相沈阳地铁站内灯箱，面向公众进行公益性展示，我馆也顺势推出“当文物遇见地铁”话题活动，在官博上结合精美的灯箱挂图，向公众介绍各种有趣的文物小知识，以这种喜闻乐见的形式，帮助大家开启一段别样的历史文化之旅。该话题活动在长达两个月的时间里，共发布相关微博约43条，阅读总量达83万，讨论次数144次。

03

文博新媒体年度榜单
2020 文博新媒体论坛
2020文博十大创新力官微评选
2020文博新媒体论坛
创新活动入围
@辽宁省博物馆
#当文物遇见地铁#
中国文博
微博
微博政务
微博文博
@辽宁省博物馆

04

2020年媒体报道一览表

序号	播出/报道时间	媒体名称	采访/报道标题
1	2020年1月8日	中国新闻网	《中国的宝藏》中文版将播 展现20多件珍稀文物
2	2020年1月10日	《沈阳日报》	由《仲尼梦奠帖》想到唐传奇与宋诗（提及辽博“又见大唐”展出的《仲尼梦奠帖》）10版
3	2020年1月12日	《中国文化报》	越千年，工笔画如何展现时代魅力（配图为辽博馆藏《簪花仕女图》）（08版）
4	2020年1月14日	《辽宁日报》	“又见大唐”书画文物展闭幕/国宝入库前也要做“体检”（16版）
5	2020年1月19日	CCTV1 《一年又一年》	新春特展之一：喜到新年百事多吉利
6	2020年1月21日	《辽沈晚报》	明宣宗朱瞻基《万年松图》亮相辽博 辽博“喜到新年百事多吉利展”开展将持续至4月19日（04版）
7	2020年1月21日	《沈阳日报》	博物馆里打卡（提及辽博“喜到新年百事多吉利”和“瑞鼠吐宝——庚子鼠年新春生肖文物图片联展”）（11版）
8	2020年1月22日	《沈阳晚报》	辽博上新 年味十足 瑞鼠吐宝 百事多吉/辽博上新啦！两大展览“年味”十足（头版转02版）
9	2020年1月23日	《辽宁日报》	以不同形式与方法把传统文化留在人们心中——创新性传承中华优秀传统文化是时代使命（提及辽博“小讲解员培训班”“又见大唐”展览）（06版）
10	2020年1月23日	《辽沈晚报》	这些展览陪你赏年味 欢欢喜喜过大年（提及辽博“喜到新年百事多吉利”和“瑞鼠吐宝——庚子鼠年新春生肖文物图片联展”以及春节期间其他展览）（06版）
11	2020年1月24日	《中国文物报》	瑞鼠吐宝——庚子新春生肖文物图片联展（提及辽宁省博物馆）（04版）
12	2020年2月8日	人民网——《人民日报》	欣赏网上博物馆
13	2020年2月26日	新华网	在家“云游”博物馆
14	2020年2月27日	人民网——《人民日报》	文艺时光 “云”端绽放
15	2020年3月3日	《光明日报》	博物馆线上服务：防疫展览两不误（提及辽博参与抖音“在家云游博物馆”直播活动）（09版）
16	2020年3月4日	国家文物局	博物馆线上服务：防疫展览两不误
17	2020年3月12日	人民网——舆情频道	行业战“疫”在行动（八）：云端蓄能练“内功”，文旅人厚积薄发
18	2020年3月15日	《光明日报》	博物馆线上展览“破局走红”是机遇更是挑战（提及辽博参与抖音“在家云游博物馆”直播活动）（12版）
19	2020年3月24日	新华网	新华·博物馆日报（第258期）
20	2020年3月24日	直播生活、辽宁电视台《新闻频道》、新华社、《沈阳日报》、《沈阳晚报》、《辽宁日报》、《辽沈晚报》	辽博有序复工
21	2020年3月25日	《沈阳晚报》	辽宁省博物馆首日复开迎接参观者/“云观展”之后，近距离欣赏国宝更过瘾（13版）
22	2020年3月26日	《中国纪检监察报》	网上看展 “云”端游览 在线观演/线上文旅前景几何（提及辽博“又见大唐”网上VR展）04版
23	2020年3月26日	《香港文汇报》	辽宁省博馆藏蕴含美好愿景/宋元明清珍品祈福吉祥平安 收藏/副刊

续表

序号	播出/报道时间	媒体名称	采访/报道标题
24	2020年3月31日	《辽宁日报》	“云”博物馆/看得更多，也可以走得更远（提及辽博参与抖音“在家云游博物馆”直播活动）11版
25	2020年4月8日	辽宁电视台纪录片电视制作部	古代辽宁　第三展厅
26	2020年4月15日	《辽宁日报》、沈阳新闻	“文物系荆楚　祝福颂祖国”接力海报展
27	2020年4月16日	《香港文汇报》	千余件辽博藏玺印篆刻 讲述治乱兴亡历史变迁
28	2020年4月17日	《中国文物报》	“文物系荆楚 祝福颂祖国”接力海报展在辽博首展 头版
29	2020年4月20日	人民网	辽宁省博物馆恢复开放后承办首场展览
30	2020年4月21日	腾讯大辽网	宝藏四方
31	2020年4月21日	《沈阳晚报》	辽宁省博物馆：在这里惊艳光阴的馈赠（04版）
32	2020年4月24日	人民网	辽宁省博物馆穿越时空“寻文明”
33	2020年4月29日	《辽沈晚报》、沈阳新闻、新北方	五一期间开馆公告
34	2020年5月4日	凤凰网辽宁综合	辽宁省博物馆文物图片点亮沈阳地铁
35	2020年5月9日	《辽宁日报》	辽博珍藏的一对核雕文物令人叫绝　不足5厘米核舟雕35人赏月
36	2020年5月11日	人民网-文化频道	国际博物馆日中国主会场活动亮点抢先看
37	2020年5月16日	《辽宁日报》	国际博物馆日 | 辽博展出“人类抗疫文明史”
38	2020年5月16日	《辽沈晚报》	“国际博物馆日”　辽博推四大活动
39	2020年5月16日	《沈阳晚报》	“5·18”国际博物馆日 这些展览值得一看（提及：“人类抗疫文明史”主题展览）（08版）
40	2020年5月17日	新北方	“辽博”带你看人类抗疫文明史 流动博物馆成亮点
41	2020年5月17日	直播生活	辽博特别展览——人类抗疫文明史5·18正式展出
42	2020年5月18日	《沈阳日报》	线上“云”观看，线下“实”体验
43	2020年5月18日	《辽宁日报》	直播 | 博物馆日，小慧今天要营业啦！
44	2020年5月18日	文博在线平台	“十大精品陈列”：博物馆展览的“奥斯卡奖”揭晓
45	2020年5月18日	国家文物局	刚刚，2019年度全国博物馆十大陈列展览精品揭晓
46	2020年5月18日	文博圈	刚刚！全国博物馆“十大精品陈列展览”公布 | 5·18中国主会场惊艳！
47	2020年5月18日	人民网——《人民日报》（海外版）	一个博物馆就是一所大学校
48	2020年5月18日	《辽宁日报》北国	慧眼向北！博物馆日带你游辽博
49	2020年5月18日	辽宁卫视《第一时间》	国际博物馆日：开启漫游文博之旅

续表

序号	播出/报道时间	媒体名称	采访/报道标题
50	2020年5月18日	辽宁卫视《第一时间》	“温故知新”文物上的大辽—— 一方兴中府绫锦印 一段大辽纺织发展史
51	2020年5月18日	辽宁卫视《说天下》	5·18国际博物馆日 省博新展来助阵
52	2020年5月19日	《辽沈晚报》	市民可来辽博了解人类抗疫文明史
53	2020年5月19日	新华网	博物馆日感受文物魅力
54	2020年5月19日	人民网——舆情频道	5·18国际博物馆日——聆听博物馆的故事
55	2020年5月19日	辽视新知	博物馆日活动多　线上线下同进行
56	2020年5月20日	北国·《辽宁日报》	“人类抗疫文明史”展在省博物馆开展 多视角呈现人类与传染病抗争历程
57	2020年5月20日	《辽沈晚报》	辽博展出“启示——人类抗疫文明史”/古人咋防疫 熏香驱瘴气（头版转02版）
58	2020年5月20日	《辽沈晚报》	感受文物魅力（08版）
59	2020年5月24日	辽宁卫视《第一时间》	温故知新：观画识宋人——具备人文关怀医疗才有温度
60	2020年5月25日	辽宁卫视《第一时间》	温故知新：观画识宋人——流动的“百货商店”货郎
61	2020年5月26日	辽宁卫视《第一时间》	温故知新：观画识宋人——打卡红了千年的宋朝美食店
62	2020年5月27日	辽宁卫视《第一时间》	温故知新：观画识宋人——稻花香里说耕者
63	2020年5月31日	直播生活	儿童节即将到来 特别的文化大礼送给特别的你
64	2020年6月1日	新华网	视频：辽宁省博物馆儿童体验馆对外试开放
65	2020年6月1日	《辽宁新闻早早报》、新北方	辽博“儿童体验馆”开馆八大功能区趣味十足
66	2020年6月2日	《辽宁日报》	辽博儿童体验馆开馆——在角色体验中了解中国历史文化
67	2020年6月3日	辽视新知	辽博儿童体验馆 开启全新探险
68	2020年6月3日	辽宁卫视《第一时间》	温故知新：文物上的大辽——绢本辽话中的稀世珍宝
69	2020年6月4日	中国新闻网	“启示——人类抗疫文明史”辽博首展 再现康熙帝治“天花”
70	2020年6月4日	辽宁卫视《第一时间》	温故知新：文物上的大辽——骝马金鞍的马背人生
71	2020年6月8日	新浪网	《文化之旅》联合辽宁省博物馆推出系列节目《电波通辽博》
72	2020年6月8日	《辽宁日报》	在书里又见大唐风采
73	2020年6月9日	辽宁卫视《第一时间》	温故知新：文物上的大辽——鎏金银面具背后的故事
74	2020年6月10日	北国·《辽宁日报》	辽博馆藏一级文物《织锦仪凤图》印证元代流行织金服饰对后世影响很大
75	2020年6月14日	CCTV9《如果国宝会说话》	花树状金步摇

续表

序号	播出/报道时间	媒体名称	采访/报道标题
76	2020年6月16日	人民网——《人民日报》（海外版）	用镜头捕捉文物之美
77	2020年6月18日	《辽沈晚报》	辽博“耶律羽之墓志铭拓片”的光阴故事（13版）
78	2020年7月3日	中国新闻网	辽宁省博物馆收藏光阴里的感动与传奇
79	2020年7月17日	《沈阳日报》	背包里的“大唐”
80	2020年8月7日	网易辽宁	辽博推出“天半人半——纪念陈半丁逝世五十周年特展” 展期三个月
81	2020年8月8日	《辽沈晚报》、沈阳新闻、新北方、人民网、《沈阳晚报》	辽博今日推出“纪念陈半丁逝世五十周年特展”
82	2020年8月12日	《辽宁日报》	陈半丁80余件书画作品在辽博展出
83	2020年8月13日	国家文物局	国家文物局推介百项2020年度 “弘扬优秀传统文化　培育社会主义核心价值观”主题展览
84	2020年8月14日	中国新闻网	辽宁省两项展览入选国家文物局推介的百项主题展览
85	2020年8月20日	央广网《朝花夕拾》栏目组	推荐镇馆之宝:鸭形玻璃注、蟠龙盖罍、玉猪龙
86	2020年8月21日	《中国文物报》	2020年度“弘扬优秀传统文化　培育社会主义核心价值观”重点推介项目巡礼（含“山高水长——唐宋八大家文物精品展”简介）（07版）
87	2020年8月31日	北国·《辽宁日报》	探宝：辽宁这件宝贝四川还有一对“兄弟”
88	2020年9月6日	北国·《辽宁日报》	辽博推出“中华传统文化教育展”
89	2020年9月6日	北国·《辽宁日报》	探宝：辽宁这件“洛神赋图”原为清宫藏品
90	2020年9月8日	新北方新闻	辽博推出“中华传统文化教育展”
91	2020年9月8日	《辽宁日报》	中华传统文化教育展正在举行
92	2020年9月8日	辽台都市频道	面向青少年，辽博这个展览值得一看
93	2020年9月8日	《辽宁日报》	辽博将展览打造成“课本”
94	2020年9月9日	辽宁卫视《第一时间》	辽博推出“文·物——中华传统文化教育展”
95	2020年9月14日	《辽宁日报》	探宝：慕容鲜卑的“金步摇”，辽宁出土最多
96	2020年9月15日	《辽宁日报》	探宝：北票出土的这件玻璃器，1600年前来自罗马帝国
97	2020年9月18日	CCTV4《国宝·发现》栏目组	拍摄冯素弗墓，采访冯永谦
98	2020年9月23日	《辽宁日报》	今天带你看点不一样的
99	2020年9月23日	《辽宁日报》	尹吉男获聘辽博特邀研究员（12版）
100	2020年9月26日	北国·《辽宁日报》	探宝：这副1600年前马镫，关联欧洲骑士

续表

序号	播出/报道时间	媒体名称	采访/报道标题
101	2020年10月3日	《沈阳新闻早早报》	辽博推出“文·物——中华传统文化教育展”和“纪念陈半丁逝世五十周年特展”
102	2020年10月7日	人民网——《人民日报》	“逛博物馆”成为新时尚
103	2020年10月20日	《辽宁日报》	让历史说话　让文物说话——精品文物彰显辽宁5000年前灿烂文明（11版）
104	2020年10月20日	《辽宁日报》	梳理中华文明根脉（11版）
105	2020年10月20日	《辽宁日报》	“玉出红山”看点（11版）
106	2020年10月20日	《辽宁日报》	奔着国宝来看展（11版）
107	2020年10月22日	《南方周末》	宋代书法：经典的一种尺度
108	2020年11月26日	《辽宁日报》《北国》新闻	唐宋八大家主题文物展：“山高水长——唐宋八大家主题文物展”将于12月2日在辽宁省博物馆开展
109	2020年11月26日	雅昌文博	重磅现场！探班辽博唐宋八大家专题展：最全高清作品+专家解读看展攻略
110	2020年11月26日	辽宁广播电视台《辽宁新闻》《新北方》《直播生活》	“山高水长——唐宋八大家主题文物展”将在辽博重磅开展
111	2020年11月26日	《沈阳晚报》	“山高水长——唐宋八大家主题文物展”下周三辽博首展
112	2020年11月26日	《辽宁日报》	“山高水长——唐宋八大家主题文物展”将在辽博展出
113	2020年11月26日	展玩（自媒体）	史上首次辽博“唐宋八大家大展”终于来了！独家提前探班，目录高清全攻略
114	2020年11月26日	香港商报网	穿越千年在此相遇：唐宋八大家主题文物展来辽
115	2020年11月26日	中央广播电视总台国际在线	辽宁省博物馆“现象级”文化大展：“山高水长——唐宋八大家主题文物展”将启幕
116	2020年11月26日	北国·《辽宁日报》	“唐宋八大家主题文物展”体现一脉相承的文化精神
117	2020年11月26日	澎湃新闻	国宝文物如何呈现“唐宋八大家”，辽博公布“山高水长”目录
118	2020年11月26日	《辽宁日报》	他们第一次聚首！
119	2020年11月27日	《人民日报》	重磅预告！唐宋八大家主题文物展即将亮相辽博
120	2020年11月27日	《沈阳日报》	“唐宋八大家主题文物展”将在辽宁省博物馆开展 且看“山高水长”！
121	2020年11月27日	指尖新闻	辽博 “唐宋八大家主题文物展”来了 解锁这些唐宋文学男神的传奇人生
122	2020年11月27日	《辽宁日报》《北国》新闻	“山高水长——唐宋八大大家主题文物展”将于12月2日在辽宁省博物馆开展
123	2020年11月27日	辽宁卫视《第一时间》	就在12月2号！八大“男神”要跟你见面了!
124	2020年11月27日	《辽宁日报》	这次，满足你对他们所有想象
125	2020年11月27日	辽视新知	“山高水长——唐宋八大家主题文物展”将在辽博展出

续表

序号	播出/报道时间	媒体名称	采访/报道标题
126	2020年11月27日	《美术报》	“唐宋八大家”，来齐了！
127	2020年11月27日	《沈阳晚报》	12月辽博将首次聚集“唐宋八大家主题文物”这些国宝级文物且看且珍惜
128	2020年11月27日	大辽网	史上首次辽博“唐宋八大家大展”终于来了！更有国宝级真迹，这个展辽宁人必去！
129	2020年11月27日	中国新闻网	百余部“唐宋八大家”主题文物在辽博首次聚集
130	2020年11月27日	《辽沈晚报》	辽博将展唐宋八大家 哪些国宝级文物会亮相
131	2020年11月27日	澎湃新闻	细品“唐宋八大家”笔下的“高山水长”
132	2020年11月27日	文博圈	“唐宋八大家文物展”辽博展出 | 国家文物局与北大战略合作 | 黄河文化保护传承弘扬座谈会召开
133	2020年11月27日	《辽宁日报》	国宝讲述“山高水长”的故事
134	2020年11月27日	《辽宁新闻》	“山高水长——唐宋八大家主题文物展” 六大亮点抢先看
135	2020年11月27日	今日辽宁	这个展，非看不可！
136	2020年11月28日	文博圈	史上首次！唐宋八大家精品文物展，来了！
137	2020年11月28日	辽台说天下	辽博将重磅推出“山高水长——唐宋八大家主题文物展”
138	2020年11月28日	辽宁卫视《第一时间》	关注：“山高水长——唐宋八大家主题文物展”将在辽博重磅开展
139	2020年11月28日	北国·《辽宁日报》	辽宁省博物馆53件文物将首展
140	2020年11月28日	辽宁——直播生活	“山高水长——唐宋八大家主题文物展”即将在辽宁省博物馆开展
141	2020年11月29日	东北新闻网	“唐宋八大家主题文物展”在辽博开展
142	2020年11月29日	《辽宁新闻》	倒计时3天！辽宁省博物馆新馆首开夜场，今晚八点开启网上预约！
143	2020年11月30日	今日头条	辽宁省博物馆新馆首开夜场，怎能错过？ 赶快网上预约起来吧！
144	2020年11月30日	《新北方》	“山高水长——唐宋八大家主题文物展”将在12月2日辽博开展
145	2020年11月30日	北国·《辽宁日报》	“唐宋八大家主题文物展”展出一件韩愈留墨的顶级国宝
146	2020年11月30日	人民网——辽宁频道	“唐宋八大家”即将“相聚”辽宁
147	2020年11月30日	东北新闻网	国宝讲述“山高水长”的故事
148	2020年11月30日	东北新闻网	“山高水长——唐宋八大家主题文物展”将在辽博展出
149	2020年12月1日	北国·《辽宁日报》	记者探馆“唐宋八大家主题文物展”——文创产品与打卡地注重传承与体验
150	2020年12月1日	雅昌文博	过半首次展出！辽博藏国宝级宋代文物倾囊而出，国博唐宋八大家画像助阵
151	2020年12月1日	辽宁文化云	直播预告 | 唐宋八大家夜场晚会精彩别错过——直播看这里！

续表

序号	播出/报道时间	媒体名称	采访/报道标题
152	2020年12月1日	北国·《辽宁日报》	记者探馆“唐宋八大家主题文物展”——文创产品与打卡地注重文化传承与体验
153	2020年12月1日	中新网	百余部“唐宋八大家”主题文物在辽博首次聚集
154	2020年12月1日	《辽宁日报》	文创产品与打卡地注重传承与体验
155	2020年12月1日	《辽宁日报》	记者探馆“唐宋八大家主题文物展”——文创产品与打卡地注重传承与体验
156	2020年12月2日	北国·《辽宁日报》	现场手绘来啦！立等可取
157	2020年12月2日	《人民日报》	“唐宋八大家主题文物展”亮相辽宁省博物馆
158	2020年12月2日	澎湃新闻	“唐宋八大家”今起展出：品读韩愈和苏轼的时代
159	2020年12月2日	东北新闻网	国宝级文物亮相辽博！“山高水长——唐宋八大家主题文物展”今日开展
160	2020年12月2日	中国日报网	“山高水长——唐宋八大家主题文物展”晚8点抢先看
161	2020年12月2日	《光明日报》	“看了个展”唐宋八大家主题文物首次集中展出
162	2020年12月2日	中国新闻网	“唐宋八大家”主题文物亮相沈阳 多件国宝级文物展出
163	2020年12月2日	中国新闻网	“山高水长——唐宋八大家主题文物展”在沈阳开展
164	2020年12月2日	《辽宁日报》	为什么在辽宁?
165	2020年12月2日	辽宁新闻	山高水长，再现“唐宋八大家”绝代风华
166	2020年12月2日	《辽宁日报》	“山高水长——唐宋八大家主题文物展”开展
167	2020年12月2日	北国·《辽宁日报》	琳琅满目！300余种文创，总有一款是你的“心头好”
168	2020年12月2日	央视新闻网	一大拨国宝来了！“唐宋八大家主题文物展”开幕
169	2020年12月2日	新闻联播	最新：“山高水长——唐宋八大家主题文物展”登上央视《新闻联播》
170	2020年12月2日	辽宁广播电视台直播生活、新北方	“山高水长——唐宋八大家主题文物展”首场夜展
171	2020年12月2日	博物馆丨看展览	今日重磅开展！史上首个“唐宋八大家主题文物展”终于来了！
172	2020年12月2日	澎湃新闻	“唐宋八大家”如何展陈：三大展厅，始于“文脉所系”
173	2020年12月2日	澎湃新闻	首个“唐宋八大家”主题文物展终于来了，有哪些看点
174	2020年12月2日	CCTV-1综合频道	“唐宋八大家主题文物展”在沈阳开展
175	2020年12月2日	辽宁卫视《第一时间》	“山高水长——唐宋八大家主题文物展”将在辽博重磅开展
176	2020年12月2日	新北方、腾讯网、直播生活、沈阳新闻	“山高水长——唐宋八大家主题文物展”首场夜展
177	2020年12月3日	东北新闻网	唐宋八大家 “聚首”辽博

续表

序号	播出/报道时间	媒体名称	采访/报道标题
178	2020年12月3日	《中国日报》	Exhibition showcases Tang and Song dynasty arts
179	2020年12月3日	澎湃新闻	辽宁省博物馆首开夜间展览！约吗？
180	2020年12月3日	今日头条	“唐宋八大家主题文物展”辽博正式开展！快来参加吧！
181	2020年12月3日	大辽网	“博物馆奇妙夜”魔幻来袭，来场穿越之旅吧……
182	2020年12月3日	《光明日报》	国宝级文物首次展出！这个展别错过
183	2020年12月3日	《辽宁日报》	策展中遇到三大挑战
184	2020年12月3日	《辽宁日报》	穿越千年的一次聚首唐宋八大家来了
185	2020年12月3日	央视网CCTV4	“唐宋八大家主题文物展”在沈阳开展
186	2020年12月3日	央广网	“山高水长——唐宋八大家主题文物展”辽宁开展
187	2020年12月3日	东北新闻网	“山高水长——唐宋八大家主题文物展”等你来！
188	2020年12月3日	《中国日报》	Eight masters on display at Liaoning Museum
189	2020年12月3日	展玩	韩愈存世唯一墨迹！辽博唐宋八大家展开幕，这件绝世小楷朋友圈超豪华
190	2020年12月3日	《沈阳早报》	“唐宋八大家大展”来辽博了！
191	2020年12月3日	央视新闻客户端	准备好了吗？“唐宋八大家主题文物展”开幕
192	2020年12月3日	中国网文化	一大波国宝来了！“唐宋八大家主题文物展”开幕
193	2020年12月3日	光明网、新华网	“山高水长——唐宋八大家主题文物展”开展
194	2020年12月3日	辽宁卫视《第一时间》	#沈阳#博物馆奇妙夜——辽宁省博物馆首次开放夜间展览
195	2020年12月4日	新华网、光明网	山高水长！唐宋八大家主题文物亮相沈阳 多件国宝级文物展出
196	2020年12月4日	《沈阳日报》	“山高水长——唐宋八大家主题文物展”开展　张国清观看展览并调研
197	2020年12月4日	《沈阳日报》	唐宋八大家“聚首”辽博
198	2020年12月4日	《沈阳晚报》	看见唐宋璀璨　推开历史大门
199	2020年12月4日	《辽宁日报》	创新展览方式让文物活起来　辽博夜场演出延展“八大家”传播力
200	2020年12月4日	《辽宁日报》	穿越千年的一次聚首唐宋八大家来了
201	2020年12月4日	《辽宁日报》	浩荡温暖的文化东风
202	2020年12月4日	《辽宁日报》	两大国宝级展品再现绝代风华
203	2020年12月4日	《辽宁日报》	展陈设计多元化对话　让文物真正活起来

续表

序号	播出/报道时间	媒体名称	采访/报道标题
204	2020年12月4日	《辽宁日报》	辽宁为什么能连办现象级大展
205	2020年12月4日	《辽宁日报》	策展中遇到三大挑战
206	2020年12月4日	《辽宁日报》	韩愈存世唯一墨迹留于此卷
207	2020年12月4日	《辽宁日报》	辽博相邀做一回韩昌黎
208	2020年12月4日	《辽宁日报》	辽博夜场演出延展“八大家”传播力
209	2020年12月4日	《辽宁日报》	唐风宋韵浸润书香
210	2020年12月4日	《辽宁日报》	为提升展览的社会影响集思广益
211	2020年12月4日	《辽沈晚报》	韩愈世居辽宁义县　苏辙辽宁赋诗四首
212	2020年12月4日	《辽沈晚报》	韩愈唯一墨迹缘何能来此展出
213	2020年12月4日	《沈阳晚报》	最强男团！史上首个“唐宋八大家主题文物展”亮相辽博！
214	2020年12月4日	中国网	“唐宋八大家主题文物展”举办　《瑞鹤图》引关注
215	2020年12月4日	东北新闻网	创新展览方式让文物活起来 辽博夜场演出延展“八大家”传播力
216	2020年12月4日	环球网	唐宋八大家主题文物亮相沈阳　多件国宝级文物展出
217	2020年12月4日	东北新闻网	“山高水长——唐宋八大家主题文物展”等你来！
218	2020年12月4日	《中国文物报》	“弘扬中华优秀传统文化 培育社会主义核心价值观”主题展览座谈会在沈阳召开
219	2020年12月4日	新华社	“山高水长——唐宋八大家主题文物展”开展
220	2020年12月5日	人民网——《人民日报》（海外版）	唐宋八大家主题文物亮相沈阳
221	2020年12月5日	大辽网	博物馆界的“丁真”！惊艳出道的辽宁省博物馆最近凭啥这么火?
222	2020年12月5日	央视网	“山高水长——唐宋八大家主题文物展”正在辽宁省博物馆展出，此次展览是史上首个以传世精品展示“唐宋八大家”家国情怀和时代风华的主题文物展
223	2020年12月5日	《辽沈晚报》	这本国宝级古籍曾为文徵明收藏
224	2020年12月6日	《光明日报》	唐宋八大家九百年后再“聚首”
225	2020年12月6日	北斗融媒	感悟唐宋八大家（一）豪健雄放——韩愈
226	2020年12月6日	新北方	“唐宋八大家”献文化盛宴　周末观展人数暴增
227	2020年12月6日	东北新闻网	“山高水长——唐宋八大家主题文物展”东北新闻网专题报道
228	2020年12月7日	北国·《辽宁日报》	专家解读“山高水长——唐宋八大家主题文物展”科技含量

续表

序号	播出/报道时间	媒体名称	采访/报道标题
229	2020年12月7日	北国·《辽宁日报》	“唐宋八大家展”搭建多个平台，让国内外受众领略中国文化博大精深
230	2020年12月7日	《美术报》	“山高水长——唐宋八大家主题文物展”
231	2020年12月8日	中国新闻网	“唐宋八大家” 主题文创设计大赛启动
232	2020年12月8日	《辽宁日报》	“唐宋八大家展”火到海外了！
233	2020年12月8日	《辽沈晚报》	这个超级男团，和辽宁的关系有趣极了……
234	2020年12月8日	北斗融媒	“唐宋八大家展”搭建多个平台，让国内外受众领略中国文化博大精深
235	2020年12月9日	北国·《辽宁日报》	文化七日谈：充分发挥辽宁历史文化资源优势
236	2020年12月9日	文博圈	我在辽博临摹大神真迹：《瑞鹤图》《赤壁图》
237	2020年12月9日	《辽宁日报》	“唐宋八大家”展打动中外观众
238	2020年12月9日	《辽宁日报》	“唐宋八大家”出题，你敢接招吗？
239	2020年12月9日	展玩	高清国宝大收录！辽博“唐宋八大家”特展珍藏图录，《瑞鹤图》最新官方出版来了
240	2020年12月9日	人民网	辽博“唐宋八大家”展打动中外观众
241	2020年12月9日	《辽宁日报》	博物馆是青少年的大学校
242	2020年12月9日	《辽宁日报》	三大文豪聚首《罗池庙碑》
243	2020年12月9日	《辽宁日报》	仰望“唐宋八大家”
244	2020年12月9日	辽宁新闻	视线：又见文博盛宴　细嗅文化风潮
245	2020年12月9日	《辽沈晚报》	欧阳修来辽“串门”喝过高度白酒
246	2020年12月9日	辽宁卫视《说天下》	“山高水长”观者如潮
247	2020年12月10日	北国·《辽宁日报》	泰国留学生妈妈点赞“唐宋八大家”展
248	2020年12月10日	北国·《辽宁日报》	“唐宋八大家”中，谁和辽宁有关系
249	2020年12月10日	《辽宁日报》	本周六，快带孩子来看微电影！
250	2020年12月10日	《辽沈晚报》	39岁才中进士　曾巩为何能列八大家
251	2020年12月10日	辽宁新闻	文垂千载八大家（二）枯淡崔嵬——柳宗元
252	2020年12月11日	《辽宁日报》	重礼仪是与文化氛围相融的一种方式
253	2020年12月11日	北国·《辽宁日报》	“唐宋八大家展”深深打动中外观众
254	2020年12月11日	辽视说天下	文垂千载八大家（一）豪健雄放——韩愈

续表

序号	播出/报道时间	媒体名称	采访/报道标题
255	2020年12月11日	辽宁新闻	文垂千载八大家（三）一代文宗——欧阳修
256	2020年12月11日	《辽宁日报》	展现历史文化资源的时代价值
257	2020年12月11日	《辽宁日报》	重礼仪是与文化氛围相容的一种方式
258	2020年12月11日	《辽宁日报》	微电影《文人少年派》明日开播
259	2020年12月11日	《辽沈晚报》	八大家彰显唐入宋的文艺思潮流变
260	2020年12月12日	《中国美术报》	千古文心写山河　辽宁省博物馆唐宋八大家主题文物展印象
261	2020年12月12日	北国·《辽宁日报》	《平淮西碑》引发的历史公案
262	2020年12月12日	央视新闻	唐宋八大家九百年后再"聚首""山高水长"主题文物展亮相辽博
263	2020年12月13日	新浪网	从文物展到文化展：让"唐宋八大家"聚首沈阳
264	2020年12月13日	《辽宁日报》	唐宋八大家•探展：走进宋徽宗赵佶所做《瑞鹤图》
265	2020年12月14日	《辽宁日报》	欧阳修创立图表式家谱范例
266	2020年12月14日	新华网	从文物展到文化展：让"唐宋八大家"聚首沈阳
267	2020年12月14日	CGTN	La Biblioteca Provincial de Liaoning expone reliquias de antiguos maestros de la literatura china
268	2020年12月14日	新华视点	唐宋八大家最强男团文物聚首辽宁博物馆，你pick谁?
269	2020年12月14日	辽宁新闻	文垂千载八大家（四）语不徒发——苏洵
270	2020年12月14日	辽宁卫视《说天下》	打卡辽博新方式　沉浸式互动赏名家
271	2020年12月15日	《人民日报》（海外版）	辽博年末大展掀起观展热潮　走进"唐宋八大家"的世界
272	2020年12月15日	博物馆丨看展览	辽宁游学：唐宋八大家齐聚辽博，瞻仰奉国寺跨越千年!
273	2020年12月15日	北国·《辽宁日报》	寒门书生曾巩奔走治家照顾四弟九妹
274	2020年12月15日	《中国美术报》	千古文心写山河：辽宁省博物馆唐宋八大家主题文物展印象
275	2020年12月15日	北国·《辽宁日报》	苏轼是个酿酒专家
276	2020年12月15日	《沈阳日报》	东晋《曹娥诔辞》与韩愈
277	2020年12月15日	《沈阳日报》	诗咏唐宋八大家
278	2020年12月15日	《沈阳日报》	和王向峰唐宋八大家之咏
279	2020年12月15日	《沈阳日报》	有温度的文人书法
280	2020年12月15日	《辽沈晚报》	欧阳修说咱君子结党 包拯给他点赞

续表

序号	播出/报道时间	媒体名称	采访/报道标题
281	2020年12月15日	《辽沈晚报》	被贬后改叫东坡佳作都是这时写的
282	2020年12月15日	《辽沈晚报》	本报两大活动让小朋友更懂八大家
283	2020年12月15日	辽宁新闻	文垂千载八大家，语不徒发——苏洵
284	2020年12月16日	《辽宁日报》	品读《洞庭春色赋 中山松醪赋》——苏轼把困苦的日子过成诗
285	2020年12月16日	新华社新闻	“云”逛“唐宋八大家”主题文物趴
286	2020年12月16日	《中国美术报》	“山高水长——唐宋八大家主题文物展”作品赏析
287	2020年12月16日	北国·《辽宁日报》	曾巩与王安石坦诚的布衣友情
288	2020年12月16日	北国·《辽宁日报》	艰难耕读曾家6人同年同登进士榜
289	2020年12月17日	北国·《辽宁日报》	曾家一门何以同榜六人及第
290	2020年12月17日	北国·《辽宁日报》	神飞扬　思浩荡——张广茂谈《茂林远岫图》《荷香清夏图》
291	2020年12月17日	北国·《辽宁日报》	山水精神　两得其趣——张晖谈《茂林远岫图》《荷香清夏图》
292	2020年12月17日	《辽宁日报》	写给“唐宋八大家”的16首诗
293	2020年12月17日	《辽沈晚报》	线下课堂开讲“对话”八大家
294	2020年12月17日	《辽沈晚报》	深读唐宋八大家
295	2020年12月17日	新华网	“山高水长——唐宋八大家主题文物展”作品赏析
296	2020年12月18日	《辽宁日报》	苦读廿载带家人同登进士榜
297	2020年12月18日	《辽宁日报》	梅花香自苦寒来
298	2020年12月18日	北国·《辽宁日报》	韩愈为社稷安危孤闯敌营
299	2020年12月20日	中国新闻网	公益讲堂教你如何看懂“唐宋八大家”
300	2020年12月21日	新华视点	那一年，白鹤飞过宋徽宗的头顶
301	2020年12月22日	新华社	宋徽宗的《瑞鹤图》是否带来了祥瑞
302	2020年12月22日	《辽宁日报》	山水精神　两得其趣
303	2020年12月22日	《辽宁日报》	凤仪峭古　气势撼人
304	2020年12月22日	《辽沈晚报》	八大家穿越千年与我们对话
305	2020年12月22日	《辽沈晚报》	唐宋八大家　都有谁是文坛盟主
306	2020年12月22日	《沈阳日报》	“三绝碑”与柳宗元

续表

序号	播出/报道时间	媒体名称	采访/报道标题
307	2020年12月23日	《辽宁日报》	走向大众　讴歌时代大展高频登场
308	2020年12月23日	《辽宁日报》	守正创新　迎来长足发展
309	2020年12月23日	新华每日电讯	“唐宋八大家”缘何千年后聚首辽宁?
310	2020年12月23日	央广网	“唐宋八大家主题文物展”搅动辽宁文化热
311	2020年12月23日	《辽宁日报》	从策论中品味苏辙雄辩气势
312	2020年12月23日	《辽宁日报》	感受“千里共婵娟”
313	2020年12月23日	《辽宁日报》	走向大众　讴歌时代大展高频登场
314	2020年12月24日	《辽宁日报》	引发公案，讨论千年，韩愈这篇文章曾三次刻碑
315	2020年12月24日	北国·《辽宁日报》	惜别苏轼《洞庭中山二赋》人潮涌动
316	2020年12月24日	《辽沈晚报》·ZAKER沈阳	借来的苏轼墨宝撤了　将展出其复制品　另一国宝苏轼画作《北宋苏轼潇湘竹石图》明年2月2日将亮相“唐宋八大家主题文物展”
317	2020年12月24日	《辽沈晚报》	借来的苏轼墨宝撤了 将展出其复制品
318	2020年12月24日	《辽宁日报》	韩愈这篇文章曾三次刻碑
319	2020年12月24日	《辽宁日报》	《平淮西碑》所彰显的家国情怀
320	2020年12月25日	北国·《辽宁日报》	循着“唐宋八大家”的思想情怀办展——有学术深度的展览才能传承文化
321	2020年12月26日	《辽沈晚报》	为什么说大辽接棒唐文化
322	2020年12月15日	辽宁新闻	文垂千载八大家，语不徒发——苏洵
323	2020年12月26日	辽宁新闻	文垂千载八大家（五）触处生春——苏轼
324	2020年12月27日	辽宁卫视《第一时间》	文垂千载八大家（六）汪洋淡泊——苏辙
325	2020年12月27日	《中国文化报》	典藏里的唐宋八大家
326	2020年12月28日	《辽沈晚报》	本报“深读唐宋八大家”精品课上线
327	2020年12月28日	《收藏快报》	辽宁省博物馆举办“唐宋八大家主题文物展”
328	2020年12月28日	辽宁卫视《第一时间》	“山高水长——唐宋八大家主题文物展”将在辽博重磅开展
329	2020年12月29日	《辽沈晚报》	古今“外号”谁最多 众人齐指苏东坡
330	2020年12月29日	《辽沈晚报》	为什么说媒体推广引来八大家热潮
331	2020年12月29日	《辽宁日报》	诗情融于丹青翰墨　思想观念穿越时空

续表

序号	播出/报道时间	媒体名称	采访/报道标题
332	2020年12月30日	《辽宁日报》	“山水精神”的内涵
333	2020年12月30日	《辽沈晚报》	在古代 书法真的是文人末事吗
334	2020年12月30日	《辽沈晚报》	《诗咏唐宋八大家》
335	2020年12月30日	《收藏快报》	辽宁省博物馆举办“唐宋八大家主题文物展”
336	2020年12月31日	《辽沈晚报》	走进他们 这几件文物你一定得看

2020年辽博官微所发文章一览表

序号	发布时间	采访/报道标题
1	2020年1月2日	讲座预报：中国书画赏析——从“又见大唐”展览说开去
2	2020年1月15日	活动回顾：辽宁省博物馆文化小分队在行动
3	2020年1月15日	新展预报：“瑞鼠吐宝”伴您纳福迎祥！
4	2020年1月15日	“喜到新年百事多吉利”展览即将开幕！
5	2020年1月17日	鼠年将至，快来辽博看“瑞鼠吐宝”！
6	2020年1月17日	小年到，辽博祝您“喜到新年百事多吉利”！
7	2020年1月19日	辽博志愿者：第十一次志愿者大会纪实
8	2020年1月19日	开放公告：辽宁省博物馆2020年春节开放时间及精彩展览
9	2020年1月24日	辽宁省博物馆关于临时闭馆的公告
10	2020年1月28日	关于新冠病毒肺炎的9个事实，你一定要知道！
11	2020年1月28日	辽宁省博物馆采取措施积极做好新型冠状病毒感染的肺炎疫情防控工作
12	2020年1月31日	转载：个人防护54字守则
13	2020年1月31日	辽博在线：“喜到新年百事多吉利”展览文物欣赏（一）
14	2020年2月2日	转载：国家卫健委发布权威口罩使用指南
15	2020年2月2日	辽博在线：“瑞鼠吐宝——庚子鼠年新春生肖文物图片联展”文物欣赏（一）
16	2020年2月4日	防控新型冠状病毒感染，牢记这9个要点
17	2020年2月4日	辽博在线：今日立春，辽博与您共迎美好时节！
18	2020年2月4日	辽博带您网上观展！

续表

序号	发布时间	采访/报道标题
19	2020年2月6日	转载：关于新型冠状病毒肺炎的15个最新解释
20	2020年2月6日	辽博在线："瑞鼠吐宝——庚子鼠年新春生肖文物图片联展"文物欣赏（二）
21	2020年2月8日	转载：7种居家消毒方法都错了！这样做才安全
22	2020年2月8日	从除夕到元宵，辽博始终在线！
23	2020年2月11日	转载：用酒精消毒，这9句话很重要，建议转存！
24	2020年2月11日	辽博在线："瑞鼠吐宝——庚子鼠年新春生肖文物图片联展"文物欣赏（三）
25	2020年2月14日	24小时防疫攻略
26	2020年2月14日	风雪欲来，我们的爱与陪伴仍在！
27	2020年2月16日	洗衣机会传播病毒吗？手机要不要消毒？12个最新提醒请收好
28	2020年2月16日	转载：定制专属文物头像 传递祝福湖北心声
29	2020年2月16日	"宅"一起：线上趣味答题第一期
30	2020年2月21日	转载：手机消毒有必要，也要讲方法滴！一图教你怎么做
31	2020年2月21日	转载：辽宁省博物馆开启网上观展新时尚
32	2020年2月21日	"宅"一起：线上趣味答题第二期
33	2020年2月21日	上抖音 看辽博：今晚，辽博邀您"在家云游博物馆"！
34	2020年2月22日	转载：消毒剂使用权威指南
35	2020年2月22日	文物系荆楚　祝福颂祖国：辽宁省博物馆推出六款文物海报
36	2020年2月23日	转载：防疫期间，如何安全取快递了解一下！
37	2020年2月23日	今晚八点，辽博在"快手"平台直播"辽博的国宝密码"讲座
38	2020年2月24日	转载：企事业单位复工复产防控攻略
39	2020年2月24日	辽博助力"十二生肖线上展"，难得一见的生肖文物全集
40	2020年2月26日	转载：办公场所预防怎么做？15张图告诉你~
41	2020年2月26日	"宅"一起：线上趣味答题第三期
42	2020年2月27日	视频：辽博助力"战役"公益音乐《英雄的未来》主题曲推广
43	2020年2月27日	辽宁省博物馆关于2020年抗击新冠肺炎疫情相关资料和实物的征集公告

续表

序号	发布时间	采访/报道标题
44	2020年2月28日	转载：上下班途中，如何做好个人防护？
45	2020年2月28日	抗疫防疫，辽博志愿者在行动！
46	2020年3月5日	转载：出门后回家，身上哪里最需要清洁消毒？
47	2020年3月5日	转载：辽博“抖音”“快手”直播活动丰富线上文化体验
48	2020年3月5日	文物海报送祝福　雷锋精神永相传
49	2020年3月6日	线上趣味答题第四期开始啦!
50	2020年3月17日	高中课本里的文物：辽博馆藏文物欣赏
51	2020年3月20日	文识博古云游辽博：虢国夫人游春图
52	2020年3月23日	辽宁省博物馆恢复开放公告
53	2020年3月27日	文识博古云游辽博：鸭形玻璃注
54	2020年4月3日	公告：辽宁省博物馆2020年清明假期开放安排
55	2020年4月3日	闻识博古云游辽博：女神头像
56	2020年4月3日	转载：省文化演艺集团组织召开文博工作决策咨询委员会2020年度第1次会议
57	2020年4月10日	闻识博古云游辽博：八旗礼仪甲胄
58	2020年4月15日	“文物系荆楚 祝福颂祖国”接力海报展在辽宁省博物馆率先展出
59	2020年4月21日	直播预告：宝藏四方走进辽博　带你赏国宝识历史
60	2020年4月22日	精彩回顾：辽博直播活动再掀热潮
61	2020年4月30日	辽博公告：2020年“五一”假期开放安排
62	2020年4月30日	辽博文物图片点亮沈阳地铁
63	2020年5月4日	邮票上的文物：辽博馆藏文物欣赏
64	2020年5月4日	线上趣味答题第五期，来了！
65	2020年5月4日	转载：从闭馆到恢复开放　辽宁省博物馆交出特别“答卷”
66	2020年5月9日	聚焦辽博：《中国东北与东北亚古代交通史》获第七届中华优秀出版物奖
67	2020年5月15日	辽宁省博物馆“5·18国际博物馆日”系列活动
68	2020年5月15日	博物馆日：请收下这份主题宣传活动清单！

续表

序号	发布时间	采访/报道标题
69	2020年5月15日	博物馆日："启示——人类抗疫文明史"主题展览开展
70	2020年5月15日	博物馆日："流动博物馆"宣展车持续开放
71	2020年5月15日	博物馆日：线下地铁灯箱展示+线上相关文物解读
72	2020年5月17日	直播预告：5月18日12：00精彩直播，期待您的关注！
73	2020年5月18日	视频：辽博"5·18国际博物馆日"主题宣传活动来啦！
74	2020年5月18日	视频：辽博"5·18国际博物馆日"系列活动展播
75	2020年5月18日	"5·18国际博物馆日"特别访谈
76	2020年5月18日	"又见大唐"展获得第十七届全国博物馆十大陈列展览精品推介优胜奖
77	2020年5月29日	辽博"儿童体验馆"试开馆啦！
78	2020年5月29日	辽博"儿童体验馆"参观须知&预约方式
79	2020年5月29日	辽博"儿童体验馆"推介（一）
80	2020年5月29日	"六一"活动|辽博开展"云课堂线上研学"
81	2020年5月30日	辽博"儿童体验馆"推介（二）
82	2020年5月31日	辽博"儿童体验馆"推介（三）
83	2020年6月11日	《如果国宝会说话》第三季来啦！辽博国宝将出镜
84	2020年6月11日	公共服务：《文化之旅·电波通辽博》系列节目开播啦！
85	2020年6月13日	2020年文化和自然遗产日：电波通辽博 服务不停歇
86	2020年6月15日	转载：《如果国宝会说话》：看见过你的美好，幸会！
87	2020年6月20日	辽博展览："礼出红山"展览大纲专家论证会召开
88	2020年6月20日	电波通辽博：《古代辽宁》第二集
89	2020年6月23日	辽博公告：2020年端午机器开放安排
90	2020年6月24日	电波通辽博：《古代辽宁》第三集
91	2020年6月30日	电波通辽博：《古代辽宁》第四集
92	2020年7月1日	辽宁省博物馆开展"庆祝建党99周年"主题党日活动
93	2020年7月7日	电波通辽博：《古代辽宁》第五集

续表

序号	发布时间	采访/报道标题
94	2020年7月20日	电波通辽博：中国古代织绣画艺术
95	2020年7月28日	电波通辽博：中国古代绘画艺术（上）
96	2020年8月1日	庆“八一”：辽宁省博物馆召开复转军人座谈会
97	2020年8月6日	新展预告：天半人半——纪念陈半丁逝世五十周年特展
98	2020年8月6日	电波通辽博：中国古代绘画艺术（下）
99	2020年8月11日	展览推介：天半人半——纪念陈半丁逝世五十周年特展
100	2020年8月11日	电波通辽博：中国古代书法艺术（上）
101	2020年8月14日	辽博两项展览入选2020年度“弘扬优秀传统文化、培育社会主义核心价值观”主题展览推介项目
102	2020年8月18日	电波通辽博：中国古代书法艺术（下）
103	2020年8月25日	七夕，来自博物馆的浪漫美图（含新展“剔透”）
104	2020年8月25日	看点分享：天半人半——纪念陈半丁逝世五十周年特展
105	2020年8月26日	重要通知：辽宁省博物馆8月27日临时闭馆
106	2020年8月30日	辽博馆藏书画精品助力广州艺术博物院“领异标新——清代扬州画派精品展”
107	2020年9月4日	集团党委书记、主任韩伟一行来辽博调研财务工作
108	2020年9月4日	新展预告：文·物——中华传统文化教育展
109	2020年9月8日	电波通辽博：策展人为您解读“天半人半——纪念陈半丁逝世五十周年特展”
110	2020年9月18日	辽博文创产品添彩辽宁省第十一届艺术节
111	2020年9月19日	“尹吉男教授聘任仪式”在辽宁省博物馆举行
112	2020年9月21日	讲座预告：融境——浅析中国艺术的展览与传播
113	2020年9月23日	辽博公告：2020年国庆节、中秋节假期开放安排
114	2020年9月23日	流动博物馆：走进盛京教育集团草仓分校
115	2020年9月25日	电波通辽博：策展人为您解读“满族民俗展”
116	2020年9月25日	辽博志愿者：“博物馆奇妙课程”在铁西区兴工一校开讲啦！
117	2020年9月26日	辽博志愿者赴广州、上海两地文博单位参观学习
118	2020年9月28日	省委第六巡视组巡视辽宁省文化演艺集团（辽宁省公共文化服务中心）党委工作动员会召开

续表

序号	发布时间	采访/报道标题
119	2020年9月28日	省委第六巡视组巡视公告
120	2020年9月29日	辽宁省博物馆与北京科技大学科技史与文化遗产研究院在文物保护领域开展战略合作
121	2020年9月29日	“双节”期间，辽博都有哪些展览与活动？
122	2020年10月2日	您知道这套《昆虫花卉图》册背后的故事吗？
123	2020年10月4日	省文化演艺集团党委书记、主任韩伟一行到辽博检查安全生产工作
124	2020年10月4日	多彩教育活动为“文・物——中华传统文化教育展”赋能
125	2020年10月4日	电波通辽博：策展人为您解读“中国历代玺印展”
126	2020年10月6日	辽博馆藏精品陆续亮相辽宁日报新闻客户端
127	2020年10月6日	辽博馆藏精品特辑：辽宁这件宝贝四川还有一对“兄弟”
128	2020年10月8日	辽博馆藏精品特辑：慕容鲜卑的“金步摇”，辽宁出土最多
129	2020年10月9日	辽宁省博物馆“双节”期间展览与活动回顾
130	2020年10月17日	“玉出红山——红山文化考古成就展”在中国国家博物馆展出
131	2020年10月17日	关于实施《社会人士在辽宁省博物馆开展讲解活动管理办法》（试行）的公告
132	2020年10月20日	辽宁省博物馆召开退休老干部座谈会
133	2020年10月22日	讲座预告：礼出红山——牛河梁祭祀建筑群址再解读
134	2020年10月23日	金秋十月，辽博志愿者风采
135	2020年10月23日	看点分享：文・物——中华传统文化教育展（一）
136	2020年10月27日	讲座预告：中国文明起源的红山模式
137	2020年10月27日	电波通辽博：策展人为您解读“文・物——中华传统文化教育展”（一）
138	2020年10月29日	中国文物交流中心副主任赵古山一行来辽博调研交流
139	2020年10月29日	辽博馆藏精品特辑：北票出土的这件玻璃器，1600年前来自罗马帝国
140	2020年11月3日	电波通辽博：策展人为您解读“文・物——中华传统文化教育展”（二）
141	2020年11月4日	讲座预告：让你爱上中国字——汉字文化与书法艺术
142	2020年11月4日	电波通辽博：策展人为您解读“文・物——中华传统文化教育展”（三）
143	2020年11月10日	电波通辽博：策展人为您解读“文・物——中华传统文化教育展”（四）

续表

序号	发布时间	采访/报道标题
144	2020年11月11日	讲座预告：《解密牛河梁，致敬里程碑》
145	2020年11月17日	辽博与沈阳市消防救援支队全运村中队、白塔中队举行联合演练
146	2020年11月17日	看点分享：文·物——中华传统文化教育展（二）
147	2020年11月25日	国家文物局书画类文物鉴定培训班在沈阳开班
148	2020年11月25日	辽博志愿者：我馆志愿者荣获“牵手历史——第十一届中国博物馆优秀志愿者”荣誉称号
149	2020年11月25日	看点分享：文·物——中华传统文化教育展（三）
150	2020年11月25日	流动博物馆：从深秋到初冬，辽博送展活动回顾
151	2020年11月25日	辽博馆藏精品特辑：这副1600年前马镫，关联欧洲骑士
152	2020年11月26日	“山高水长——唐宋八大家主题文物展”12月2日在辽宁省博物馆开展
153	2020年11月26日	“唐宋八大家”主题文创设计大赛启事
154	2020年11月27日	辽博“珍品馆”正式开放，汇集馆藏古代工艺精品
155	2020年11月29日	辽宁省博物馆新馆首开夜场，怎能错过？赶快网上预约起来吧！
156	2020年11月30日	开展倒计时：“山高水长——唐宋八大家主题文物展”教育活动来啦！
157	2020年11月30日	辽博将策划推出“唐宋八大家”主题微电影《文人少年派》
158	2020年12月1日	开展倒计时：唐宋八大家主题文物展开幕在即，展览先导片抢先看！
159	2020年12月1日	“你听·我讲”辽博讲解员为您讲述“唐宋八大家”的故事
160	2020年12月3日	“山高水长——唐宋八大家主题文物展”开展
161	2020年12月3日	“弘扬中华优秀传统文化 培育社会主义核心价值观”主题展览座谈会在沈阳召开
162	2020年12月3日	“唐宋八大家主题文物展”登上央视《新闻联播》，文创专区备受瞩目，辽宁省博物馆首开夜场
163	2020年12月11日	聚焦辽博：媒体圈中的“唐宋八大家”
164	2020年12月11日	讲座预告：本周末辽博讲堂继续开讲，“唐宋八大家”系列讲座精彩不断！
165	2020年12月14日	精彩视频：“群星璀璨的历史天空”诗歌晚会节目回顾
166	2020年12月18日	讲座预告：这个周末，“唐宋八大家”系列讲座再次开讲！
167	2020年12月18日	@所有人，请收下这份参观“小贴士”！
168	2020年12月18日	温馨提示：辽宁省博物馆儿童体验馆开放时间及预约方式

续表

序号	发布时间	采访/报道标题
169	2020年12月22日	文物保护：《纺织品修补染整技术研究》课题通过结项验收
170	2020年12月22日	辽宁省博物馆志愿者历史文化宣讲团荣获全国三等奖
171	2020年12月25日	辽宁省博物馆与沈阳航空航天大学“馆校合作”共建文化宣传基地
172	2020年12月25日	讲座预告：本周末“唐宋八大家”讲座预告！
173	2020年12月25日	辽博公告：2021年元旦假期开放安排
174	2020年12月27日	赴一场冰雪之约——辽博文创产品首秀吉林雪博会
175	2020年12月27日	辽博在线：“山高水长——唐宋八大家主题文物展”文物欣赏（一）
176	2020年12月29日	“方寸洞天——鼻烟壶精品展”展出251件馆藏文物，其中绝大多数首次与公众见面
177	2020年12月31日	辽博新展：物映东西——18—19世纪海上丝绸之路上的中国制造
178	2020年12月31日	年终福利：“唐宋八大家主题文物展”VR数字展厅惊艳上线！

01 清 核舟

01

网络及信息化建设

信息化建设

2020 年，全馆电子信息设备、LED 屏幕维护 30 次，计算机网络维护 52 次，电话故障维修 32 次。剪辑“辽博讲堂”等视频资料 27 条，协助公共服务部、学术研究部制作《印象 2019 志愿者》《虢国夫人游春图》《辽宁省博物馆志愿者历史文化宣讲团》《无私奉献的辽博优秀志愿者》《绎丝讲解》等纪录短片。完成大型活动、政务接待、党员学习、培训会议、辽博讲堂等拍摄工作，累计照相 52 次，摄像 27 次。进行辽宁省博物馆官方网站改版，编制《辽宁省博物馆智慧博物馆建设方案》。为国家文物局完成视频接入工作。配合展览策划部，完成“天半人半——纪念陈半丁逝世五十周年特展”制作投影融合视频演示软件。

01

02

03

04

05

01～05 多媒体维护
06～07 图书管理工作照
08～09 网络设备维护

官方网站及新媒体平台运维

2020年，辽宁省博物馆官方网站浏览次数为642729次，更新信息184条。抖音、快手、腾讯企鹅号等新媒体辽宁省博物馆官方账号完成相关直播和录播任务7个，观看量为497万余人次，发布文物、展览、社教活动等视频共45个，点击量176万余人次。

06

07

08

09

文物数字化采集

2020 年完成书画、鼻烟壶、彩陶等共计 426 件文物的高清二维数据数字化采集工作。

图书资料管理

2020 年，图书资料室新购图书 412 册，上架图书 574 册。全年共接待读者 504 人次，借阅量 428 册，借阅期刊量 580 册。全年入库“山高水长——唐宋八大家主题文物展”图录等馆内出版物共计 2120 册，用于馆际交流等馆藏出版物出库共计 2052 册。

辽宁省博物馆“云”展览

2020 年，辽宁省博物馆制作 VR 展览 3 个，分别为“山高水长——唐宋八大家主题文物展”“文物——中华传统文化教育展”“物映东西——18—19 世纪海上丝绸之路上的中国制造”。上传 VR 展览 15 个，其中“又见大唐”被选为国家文物局推送全国博物馆网上展览资源。

观众参观预约

2020 年，为做好疫情防控期间开馆工作，与辽宁文化云合作完成参观预约工作。并在 2020 年年末与美团开展合作，免费为辽宁省博物馆搭建预约平台，实现辽宁省博物馆微信公众号观众免费参观预约通道的建设工作。

01

02

03

04

01 『山高水长——唐宋八大家主题文物展』VR 展厅
02 『文·物——中华传统文化教育展』VR 展厅
03 『物映东西——18—19 世纪海上丝绸之路上的中国制造』VR 展厅
04 画珐琅花鸟草虫鼻烟壶

明代　戴进　溪堂诗意图

五

保护研究

◎ 藏品征集与管理

◎ 文物保护

◎ 文物鉴定

◎ 学术与出版

藏品征集与管理

2020 年，典藏部积极响应集团党委要求与部署，在防控新冠疫情常态化的同时，扎实筑牢文物安全底线，并依照年度工作目标责任书和一级馆评估工作要求，统一安排部署、扎实有效地开展了各项工作。

一、藏品管理

在总结藏品管理经验和存在问题的基础上，根据现阶段我馆藏品管理面临的新形势，经补充完善、多层级审校、开始编制新版《辽宁省博物馆藏品管理办法》，力求从制度层面规范与藏品有关的各环节安全。同时，结合我馆工作实际，持续推进“辽宁省博物馆藏品数据管理系统项目”的实施工作。做好因陈列、出版、借出、照相、修复、观摩、拓印、研究等藏品提用工作。全年馆内外业务工作提用文物藏品共计 3682 件（套）。各工作组有计划地开展文物藏品全面清查工作，其中铜器组清查 2663 件套；考古组清查并置换陶瓷装具 1700 件套；书画组完成古地图、甲骨、丝绣、漆器、文杂类藏品的清点。

二、库房管理

强化文物安全的底线意识，做到全年文物安全无事故。坚持库房安全检查制度，发现问题及时上报并加以解决。典藏部全体同人做好常态化疫情防控工作，按照部门工作安排要求，定期、定时对文物藏品库房进行安全检查。配合安全保卫部开展库内的安防、消防设施设备的定期检测，做好各种器械、照明设备维护保养。与安全保卫部协作，请保卫干事给藏品保管员进行多次安防、消防现场的专业知识培训，极大提高了藏品保管员应对突发和紧急情况处置能力。完成征集组 15 号文物库房使用功能的重新细化、布局工作；完成铜器组化石类藏品 2 号库房置换工作，使我馆古生物（化石类）藏品有了独立、恒温恒湿的保存环境，为下一步古生物化石整理研究奠定了基础。

01

01 沈周 魏园雅集图轴

02、03 书画组藏品管理

04－08 库房管理工作照片

02
03
04
05
06
07
08

01

02

03

04

三、藏品编目征集

全年登记入账文物类藏品辽宁省文物店征集新石器时代玉器 5 件，辽代蜜蜡花片 1 件、玛瑙项链 1 套，清代玉器 2 件、玛瑙砚滴 1 件，清代端砚 2 件，辽代铜金刚铃、杵 1 套（2 件），民国铜墨盒 3 件，总计 16 套（17 件）。登记入资杂类藏品苏士澍行书作品 1 件，郑月波绘画作品 12 件，李仲元行书作品 1 件，卢林行书作品 1 件，阚大为羽毛画 1 件，总计 16 件。规范完成对文物凭证及与文物相关资料的日常管理工作，及时为相关部门提供职责范围内文物档案的检索查阅与文物目录的拟定。

2020 年，辽宁省博物馆的文物征集工作按照我馆未来发展的总体要求，以明确的目的性、科学的计划性和建立完整的藏品体系为原则，并从我馆陈列、研究的实际需要出发，共征集藏品 555 件，其中文物类藏品 12 件 / 套，资料类藏品 70 件，三级以上的重要古生物化石 473 件。

文物类藏品

依据规范有效利用年度文物征集经费的原则，2020 年我馆从辽宁省文物总店购买玉鹰、玉勾形器、玉匕形器等 3 件红山文化玉器，以及 3 件 / 套辽代佛教文物、6 件清代及民国时期的文房用具类文物。

05

06

07

01、02 辽博申请古生物化石收藏单位会议
03、04 安防消防培训
05、06 瓷器组藏品管理
07 典藏部部门会议
08 三彩釉印花八方盘

08

01
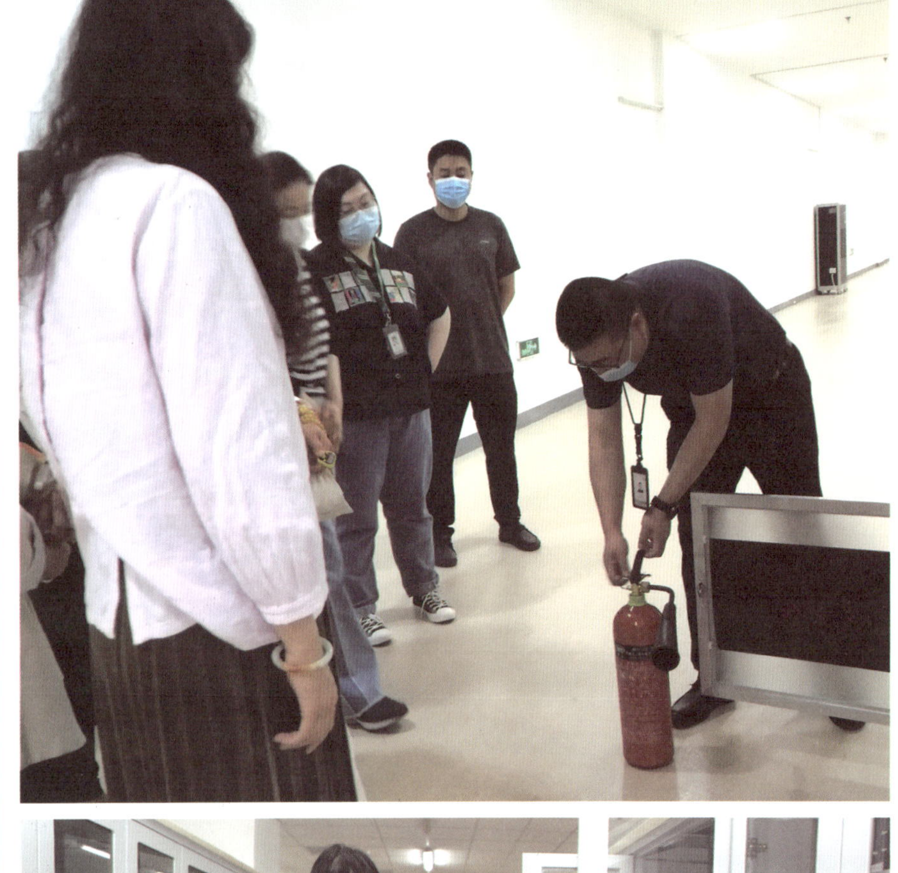

02

03

01 库房管理：安防消防培训
02 铜器组日常工作
03 征集编目组日常工作
04 古生物化石鉴定
05 辽博申请古生物化石收藏单位会议

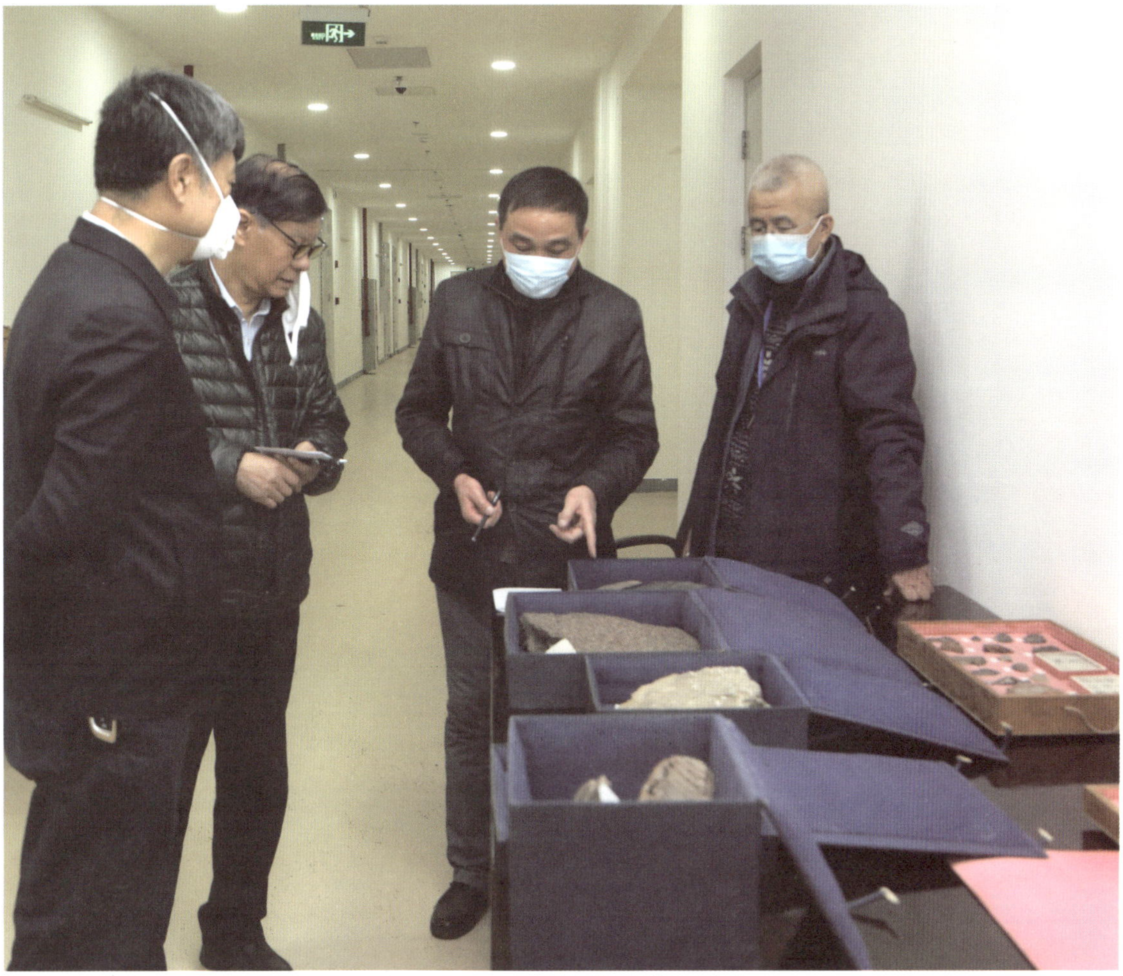

04

05

资料类藏品

资料类藏品的征集以补充馆藏特色——书画作品为主，“辽宁本地名家作品系列”与“当代海外华人名家作品系列”两手并举。2020 年，李仲元、卢林各有 1 件作品入藏，进一步充实了我馆的辽宁本地名家书画收藏体系。

自 2009 年，我馆以展览为切入点，长年开展“当代海外华人名家书画作品系列”征集项目。通过引进居住在美国加州旧金山、洛杉矶等地华人艺术家的作品来馆展览，达到宣传展示和丰富馆藏的目的。该项目持续至今，已经成为辽宁省博物馆征集工作的一大亮点。2020 年“天地有情　万物吾与——郑月波绘画作品展”为该系列第三个展览。12 件郑月波先生的画作由其家族在展览后捐赠我馆。

01

01 北魏献文皇帝第一品嫔侯夫人墓志

02、03 征集编目组工作照

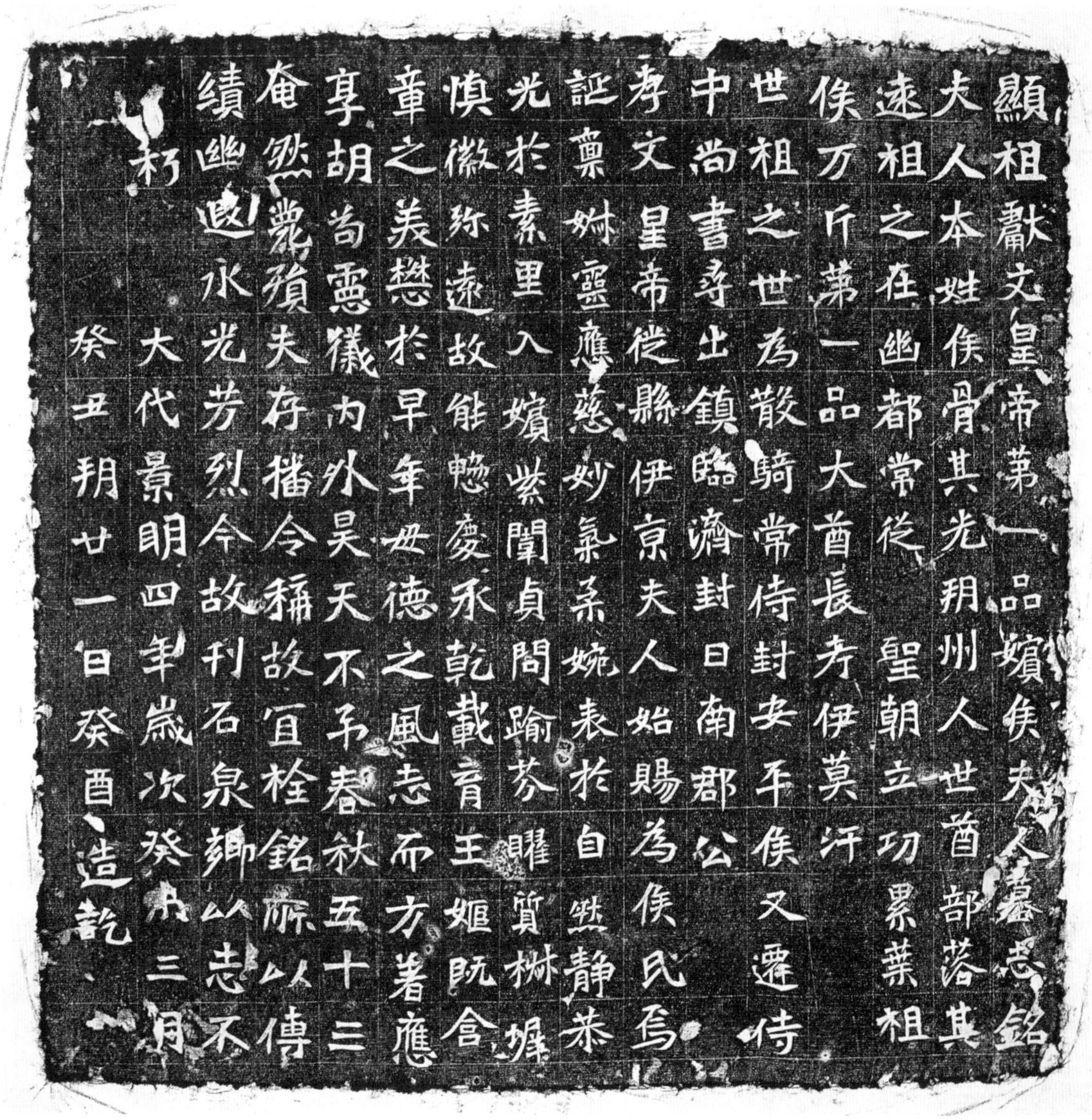

为了记录历史、宣扬抗疫正能量，我馆于2020年2月发布《辽宁省博物馆关于2020年抗击新冠肺炎疫情相关资料和实物的征集公告》，得到社会各界的积极响应。征集到阚大为"最美逆行者"羽毛画1件，并从辽宁省老年书画研究会主办的"庆国庆　战疫情　夕阳红老年书画展"中征集书画作品55件。

古生物化石类藏品

2020年，我馆征集工作的另一亮点为顺利通过辽宁省古生物专家委员会的评审，获得"乙级古生物化石收藏单位"资质，并且接收辽宁省自然资源厅移交的古生物化石473件。这一收藏资质的突破及馆藏古生物化石质和量的增加，说明我馆的发展定位由原来的历史艺术类博物馆逐渐向综合类博物馆转变，有益于日后更加全面地服务社会大众。

02

03

2020年藏品征集一览表

序号	名称	数量	单位	征集形式
	辽宁省文物总店店藏文物	12	件/套	购买
	郑月波十二生肖系列绘画作品	12	件	捐赠
	李仲元行书题词立幅	1	件	
	卢林行书自作诗横幅	1	件	
	阚大为羽毛画	1	件	
	辽宁省老年书画研究会办展作品	55	件	
	辽宁省自然资源厅移交古生物化石	473	件	接收
总计		555		

文物保护

2020 年，文物保护部开展文物保护修复项目 8 项，其中，科研项目 2 项，保护修复项目 6 项。保护修复馆藏文物 50 余件 / 套，日常维护文物 314 件 / 套。完成文创产品制作 54 件 / 套。加强资质建设和行业合作，顺利完成可移动文物修复资质核检；完成中共辽宁省委宣传部、辽宁省科技厅关于“辽宁省文化和科技融合示范基地（单体类）”的申报；与北京科技大学科技史与文化遗产研究院协商，双方战略框架协议完成签约，并签署了辽代陶瓷工艺研究、辽代壁画修复两项合作协议。申桂云、刘博入选辽宁省可移动文物保护专家库，参与全省 2021 年度 50 余项可移动文物保护修复方案的初审。

一、资质建设

2020 年 8 月，根据《中共辽宁省委宣传部　辽宁省科学技术厅关于开展 2020 年辽宁省文化和科技融合示范基地申报工作的通知（辽科办发［2020］61 号）》的文件要求，在集团的领导和支持下，依托辽宁省博物馆文物保护部现有条件和资源，辽宁省博物馆申报了单体类辽宁省文化和科技融合示范基地，基地名称为辽宁省文物科技保护基地。

辽宁省文化和科技融合示范基地由省委宣传部、省科技厅等六部门联合启动，是辽宁省不断推动文化和科

辽宁省文化和科技融合示范基地

申 报 书

2020 年 8 月

01

辽宁省科学技术厅
中共辽宁省委宣传部
中共辽宁省委网络安全和信息化委员会办公室
辽　宁　省　财　政　厅
辽宁省文化和旅游厅
辽宁省广播电视局
文件

辽科发〔2020〕53 号

关于评选培育辽宁省文化和科技融合示范基地的通知

各市及沈抚改革创新示范区科技局、党委宣传部、网信办、财政局、文化和旅游局、广播电视局：

按照《辽宁省关于促进文化和科技深度融合的实施意见》（辽科发〔2020〕9 号）、《辽宁省文化和科技融合示范基地评选培育管理办法（试行）》（辽科发〔2020〕25 号）

— 1 —

02

附　件

2020 年度辽宁省文化和科技融合示范基地名单

序号	基地名称	申报单位	基地类别
1	北方文化新谷省级文化和科技融合示范基地	辽宁出版集团有限公司	集聚类
2	沈阳国际设计谷省级文化和科技融合示范基地	沈阳毅昌科技发展有限公司	集聚类
3	体验[illegible]技股份有限公司省级文[illegible]技融合示范基地	体验科技股份有限公司	单体类
4	[illegible]向日葵教育科技有限公司省级文化和科技融合示范基地	辽宁向日葵教育科技有限公司	单体类
5	辽宁省博物馆省级文化和科技融合示范基地	辽宁省博物馆	单体类
6	沈阳广播电视台省级文化和科技融合示范基地	沈阳广播电视台	单体类
7	辽宁省龙星文化创意产业园有限公司省级文化和科技融合示范基地	辽宁省龙星文化创意产业园有限公司	单体类
8	沈阳市创奇游乐设备有限公司省级文化和科技融合示范基地	沈阳市创奇游乐设备有限公司	单体类
9	沈阳盘古网络技术有限公司省级文化和科技融合示范基地	沈阳盘古网络技术有限公司	单体类
10	辽宁虎驰科技传媒有限公司省级文化和科技融合示范基地	辽宁虎驰科技传媒有限公司	单体类
11	辽宁省文化艺术研究院省级文化和科技融合示范基地	辽宁省文化艺术研究院	单体类

— 4 —

03

01 辽宁省文化和科技融合示范基地申报书
02 获批文件
03 获批名单
04 保护修复方案
05 馆校合作签约仪式

技融合，努力促进文化产业和文化事业发展的重大举措，旨在推进基地成为文化和科技深度融合的示范区、政策体系和管理机制先行的试验田、文化科技产业创新发展的先锋队，并积极培育争取国家级文化和科技融合示范基地。

二、行业合作

为实现“服务馆藏、面向全省、服务东北、影响全国，建立重点文物科技保护基地”的文物保护工作目标，切实提升文物保护技术水平和科研能力，辽宁省博物馆积极拓展与高校、文博单位的交流合作。经协商和洽谈，辽宁省博物馆与北京科技大学科技史与文化遗产研究院于2020年9月建立战略合作关系，签署战略合作框架协议。双方本着强强联合、优势互补，产、学、研相结合的原则，在文化遗产预防性保护与关键技术研究、文化遗产保护学科建设、文化遗产展示利用等领域开展学术交流、人才培训与培养等方面的全面合作。

04

05

01

三、文物保护修复

辽宁省博物馆 2020 年正在开展的保护修复项目 6 项，正在实施项目 3 项（分别是“喀左县博物馆藏清代丝织品保护修复项目”“辽宁省博物馆藏书画保护修复项目”和“辽宁省博物馆藏辽代壁画保护修复项目”）。正在开展方案编制项目 3 项，分别是“辽宁省博物馆藏高句丽金属器保护修复项目”“辽宁省博物馆藏近代纸质文物保护修复项目”和“辽宁省博物馆藏辽代釉陶保护修复项目”。

（一）喀左县博物馆藏清代丝织品保护修复项目

受喀左县博物馆委托，辽博 2019 年承担了喀左县博物馆藏清代丝织品的保护修复，2020 年继续推进项目实施。该项目修复对象为 3 件清代出土服饰。项目是辽宁省博物馆近年来开展的极具代表性的修复案例。首先，项目开展规范，申

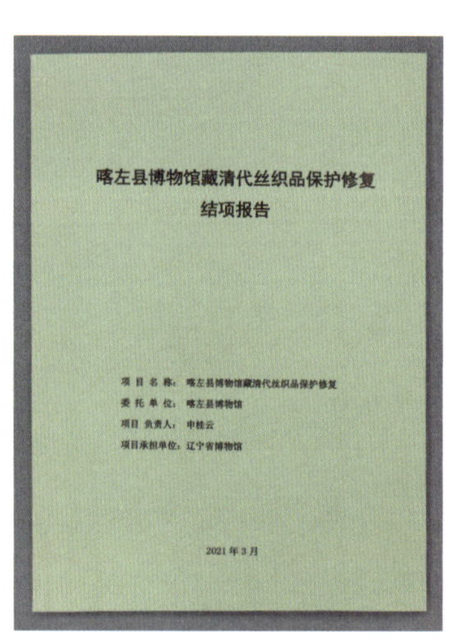
喀左县博物馆藏清代丝织品保护修复
结项报告

项目名称：喀左县博物馆藏清代丝织品保护修复
委托单位：喀左县博物馆
项目负责人：申桂云
项目承担单位：辽宁省博物馆

2021 年 3 月

02

01 馆校合作挂牌仪式
02 喀左县博物馆藏清代丝织品保护修复结项报告
03 清杏黄色团寿纹长袍正面——修复前
04 清杏黄色团寿纹长袍正面——修复后
05 清蓝底折枝花卉纹长袍正面——修复前
06 清蓝底折枝花卉纹长袍正面——修复后

报程序完整，文字材料规范。其次，在遵循现有较为先进的修复理念和修复技术的同时，对于修复理念有再思考，修复技术有提升，可反映辽宁省博物馆乃至辽宁省文物修复技术水平。再次，该项目亮点突出，在分析检测、工艺分析研究、修复技术等方面研究深入，尤其是修复技术方面“纺织品修补染整技术研究”的应用尤为突出。“纺织品修补染整技术研究”极具普适性和推广性，意义重大。最后，该项目社会影响力较大，对喀左县博物馆展陈、辽宁地区清代纺织品文物研究等方面具有重要作用。同时开展了“馆校合作”，拓展了该项目的社会影响力。

（二）辽宁省博物馆藏书画保护修复项目

辽宁省博物馆以晋唐宋元等古代书画收藏享誉海内外，与故宫博物院和上海博物馆并列国内书画收藏三大馆。我馆建馆以来，书画类有机质文物一直保存在温湿度较为稳定的环境中。2004 年以来，保存环境得到进一步改善，基本符合国家文物部门相关技术要求的标准。但受入藏状况、自然老化以及频繁使用等因素的影响，书画类藏品不同程度地存在画心折痕、破损、起翘、霉斑、污渍等病害；裱工存在损坏、破损等情况，严重的甚至产生霉斑并附着污渍，破坏了画面的整体效果、缩短了保存寿命。针对这一状况，辽博有计划地开展馆藏书画类文物的保护修复。本项目共保护修复书画类文物 27 件 / 套。

03

04

05

06

01

02

03

04

05

06

07

08

09

01 清黄底折枝花卉纹长袍正面——修复前
02 清黄底折枝花卉纹长袍正面——修复后
03 全色
04 裱边修复
05 上覆背纸
06 画心断裂——修复前
07 画心断裂——修复后
08 画杆断裂——修复前
09 画杆断裂——修复后

（三）辽宁省博物馆藏辽代壁画保护修复项目

该项目通过系统的现场无损分析以及实验室分析检测掌握辽代壁画制作材料与工艺的相关数据，根据病害现状，对馆藏辽代关山辽墓壁画和平原公主墓壁画进行系统保护修复和预防性保护。该项目是辽博与北京科技大学科技史与文化遗产研究院战略合作的重要项目。

四、科研课题

2020 年开展 2 项文物保护方向科研课题，分别是“馆藏纺织品修补染整技术研究”和“辽代釉陶工艺研究及数据库建设”，其中前者已结项，后者正在进行中。

（一）馆藏纺织品修补染整技术研究

本课题用以解决补配材料染色过程中出现的易造成颜色偏差，一次染成率低、二次补染颜色易漫漶的情况。课题最终结果是通过采集大量的色彩标样，即利用测色光谱仪对目标颜色进行分析，再将分析结果与全色系标准数据比对后计算出标准光源下的多组染料组合配方，利用这一结果再进行配色染色，不仅操作便捷，且得到的色彩更加准确，大大增加了重复性工作。该课题已通过验收，专家一致认为：此课题采用现代染料对纺织品修复背衬材料进行染色配色研究，研究技术路线合理，制备的背衬材料色彩稳定，色牢度强，操作简便，易于规范等优点，具有重复性和推广的重要意义。

（二）辽代釉陶工艺研究及数据库建设

作为馆藏系列区域特色文物研究的一部分，“辽代釉陶工艺研究及数据库建设”项目是系列研究的初步尝试，本项目的研究内容可分为两个部分。第一部分，拟先按照釉色和工艺将釉陶进行分类，对不同类型的釉陶进行初步的科学认知，对其胎、釉、

01

02

03

01、02 辽代壁画采样分析

03 纺织品修补染整技术实验中

04 纺织品修补染整技术课题结项验收汇报现场

05 纺织品修补染整技术研究结项报告

06 纺织品修补染整技术研究应用案例

04 

化妆土等不同部分进行分析，确认其可能的原料、工艺与产地。第二部分，依据由第一层次研究所归纳出的馆藏和窑址中釉陶器的特征，结合墓葬、文献和遗址信息，综合分析比对，归纳总结辽金时期釉陶瓷器生产、消费与流通模式，为今后进一步讨论北方地区 10—12 世纪的商业与手工业所呈现出的时代特征与社会风貌奠定重要的科学基础。该项目是辽宁省博物馆与北京科技大学科技史与文化遗产研究院战略合作的重要科研课题。

05 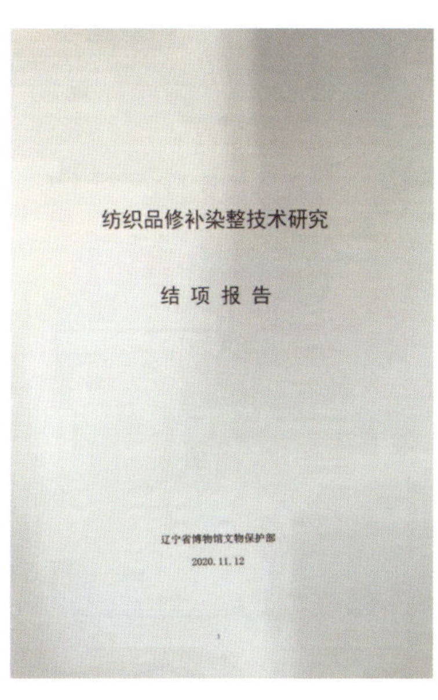

纺织品修补染整技术研究

结项报告

辽宁省博物馆文物保护部

2020. 11. 12

06 

文物鉴定

2020 年，文物鉴定部结合年度工作任务与目标，较好地履行了文物鉴定工作在打击文物犯罪、保护文物、守护国门、服务社会的工作职责，完成了年度工作任务。

一、业务工作

2020 年度文物鉴定部完成了部门所承担的全省涉案文物鉴定工作、省内及相关地区文物进出境审核工作、省内文物拍卖标的审核鉴定等相关工作职责。全年共完成上述各类文物鉴定工作 59 次，鉴定可移动物品 6 万余件，鉴定涉案地点 27 处，涉及文物 2.1 万余件和重量 1400 余千克的出土古钱币，涉及文化遗址墓葬 25 处。

（一）涉案文物鉴定工作

完成涉案文物鉴定 49 次，鉴定可移动物品 24129 件，鉴定涉案地点 27 处，其中确定文物 21397 件及 1400 余千克出土古钱币，含三级文物 27 件（套），涉及文化遗址墓葬 25 处。

01

02

03

在阜蒙县公安局委托的盗掘现场鉴定评估中，文物鉴定部发现这是一处辽代高等级贵族家族墓，墓前原就有祭祀等用途的附属地上建筑。后据了解该地点未列入第三次全国不可移动文物普查名录，且地处偏远，盗洞向山体内部延伸百余米并以钢管支护，办案民警称警力不足，很有可能再次被盗。文物鉴定部本着保护历史文化遗产的出发点，将习近平总书记关于文物保护相关讲话精神落到实处，向集团和省文物局上报了关于被盗辽墓相关情况的报告，为避免墓葬被继续盗掘尽了绵薄之力。

（二）文物进出境审核工作

受国家文物局委托，国家文物进出境审核辽宁管理处年度完成文物进出境审核 6 次，审核鉴定出境物品 35490 件（套）。

（三）文物拍卖标的审核工作

受省文物局委托，年度完成文物拍卖标的审核 4 次，审核拍卖标的 989 件。 05

01 复仿制品出境审核现场
02 朝阳北票公安局涉案文物鉴定现场
03 朝阳公安局涉案盗掘地点鉴定

01

02

二、其他工作

（一）完成文物进出境审核国家标准（第二批）立项审核。文物鉴定部前期已完成本省承担的4项立项准备，本次作为主汇报人，代表北京、云南、安徽等管理处汇报了第二批14项文物进出境审核国家标准立项，并已顺利审核通过。

（二）国家文物局在沈阳举办书画鉴定培训班（在培训前、培训中，文物鉴定部积极工作，协助配合做好会务服务等相关工作。培训期间，我馆提供了馆藏57幅书画和22件玺印供培训班师生观摩教学）。

03

2020年度文物进出境审核数据

	受理涉案鉴定案件数	鉴定地点数量	古迹数量	涉案物品数量	文物数量	一级文物	二级文物	三级文物	一般文物	文物资料	非文物数量	备注
涉案文物鉴定数据	49	27	25	24129	21397			27	20381	976	2732	另有重量约1425千克的出土古钱币

2020年度拍卖标的审核数据

	审核次数	审核数量	审核文物
文物进出境审核	6	35490	166

2020年度涉案文物鉴定数据

	审核次数	审核数量	审核文物
拍卖标的审核	4	989	

04

05

01 辽宁省文化演艺集团（辽宁省公共文化服务中心）党委常委、副主任、辽宁省博物馆馆长王筱雯，中国文物信息咨询中心党委书记、主任刘铭威，中国文物信息咨询中心资质资格认证部主任邱方，国家文物鉴定委员会委员、故宫博物院研究员余辉等出席书画类文物鉴定培训班开班仪式

02、03 承办全国书画文物鉴定人员培训班

04、05 日常鉴定工作照片

学术与出版

2020年，我馆学术与出版工作成果丰硕，提升了学术研究氛围，加强了科研项目规划，扎实推进了“宋元石刻文献著录整理与研究”“唐代石刻所见契丹史料整理与研究”“辽宁省博物馆藏敦煌写经整理与研究”等国家级、省级课题的研究工作，取得部分阶段性研究成果，出版了《山高水长——唐宋八大家主题文物》等多本图书，并结合馆藏文物、展览、辽宁历史文物等内容，撰写发表学术性研究论文近40篇，馆内员工通过线下、线上等多种方式参加了国内举办的学术研讨活动。

图书出版

1.《辽宁省博物馆馆刊》(2020)责任部门：学术研究部　科学出版社

2.《辽金历史与考古》(2020)责任部门：学术研究部　科学出版社

3.《山高水长——唐宋八大家主题文物》，责任部门：学术研究部　辽宁美术出版社

4.《又见大唐：精品文物导读》，责任部门：学术研究部　辽宁美术出版社

01

02

01 『山高水长——唐宋八大家主题文物展』国际学术研讨会

02 『弘扬中华优秀传统文化 培育社会主义核心价值观』主题展览座谈会现场照片

论文发表

1. 么乃亮:《明刻〈绿筠窝帖〉及传世拓本考》,《辽宁省博物馆馆刊》(2020)。

2. 么乃亮:《罗振玉致西园寺公望手札解读》,《艺术品》2020年第9期。

3. 刘艳、么乃亮:《辽宁朝阳县出土的辽代家族墓志》,《辽宁省博物馆馆刊》(2020)。

4. 刘宁、董宝厚、么乃亮:《翰墨丹青观大唐气度 巍巍气象现盛世华章——"又见大唐"书画文物展巡礼》,《中国文物报》2020年3月31日第5整版。

5. 朴文英:《古代文人的缂丝情怀》,《大匠之门》28(北京画院策划)北京画院,广西师范大学出版社,2020年11月。

6. 朴文英:《关于顾绣的若干问题——以辽宁省博物馆藏品为中心》,《顾绣研究》,上海大学出版社2020年12月。

7. 周晓晶:《又见红山——红山文化精品文物展》,《大观》2020 年第 1 期（总 124 期）。

8. 周晓晶：《前世珍宝之重现——辽宁省博物馆藏仿古题材玉器赏析》，《大观》2020 年第 3 期（总 126 期）。

9. 周晓晶：《源于异域　盛于中国——辽宁省博物馆藏珐琅器赏析》，《大观》2020 年第 4 期（总 127 期）。

10. 周晓晶：《红山文化晚期玉器的基本特征》，《玉出红山——红山文化精品文物展》，北京时代华文书局 2020 年 10 月。

11. 王忠华：《走近红山——倾听五千年历史回响》，《中国收藏》2020 年第 2 期。

12. 王忠华：《玉出红山——红山文化考古成就展在中国国家博物馆展出》，《辽宁文化》，2020 年第 4 期。

13. 郭丹：《辽宁省博物馆藏敦煌西域文献简目》，《敦煌吐鲁番研究》（第十九卷）/ 中国敦煌吐鲁番学会、首都师范大学历史学院、香港大学饶宗颐学术馆、北京大学东方学研究院合办，上海古籍出版社，2020 年 7 月。

14. 郭丹：《你不知道的战国史——从辽宁省博物馆藏敦煌写本〈春秋后语〉谈起》，《文史知识》/ 中华书局，2020 年第 4 期。

15. 袁芳：《父子情深　文博佳话——从齐子如的文博生涯探究其对齐白石艺术作品传播的影响》，《齐白石研究第八辑》，广西师范大学出版社 2020 年 12 月。

16. 袁芳：《露香园刺绣：写生如画甚珍宝——从辽宁省博物馆藏品谈顾绣的风格与特点》，《大观》129 期 2020 年 6 月。

17. 马卉：《唐代马镫》，《文史知识》2020 年第 3 期。

18. 都惜青、姜洪军：《辽宁北票金代长寿院残碑考释》，《辽金历史与考古》（第十一辑），科学出版社 2020 年 12 月。

19. 马德、都惜青：《敦煌本“八味药”刍识》，《敦煌研究》2020 年第 3 期。

20. 陈洪海、徐沂蒙：《齐家文化的男女合葬墓讨论》发表于《博物馆学刊》（四川博物院编）第七辑。

21. 张鹏飞：《红山文化勾云形器探究》发表于《中国文

01

01 掐丝珐琅饕餮纹方觚

02 “弘扬中华优秀传统文化　培育社会主义核心价值观”主题展览座谈会现场照片

物报》2020年6月23日总第2858期。

22. 张鹏飞:《探究红山文化勾云形器的由来》发表于《文物天地》2020年7月，总第349期。

学术交流

1. 朴文英：顾绣研讨会（线上），2020年7月。报告："辽宁省博物馆藏顾绣的再发现"。

2. 朴文英：苏州丝绸博物馆"祯彩堂缂丝工作室展览"开幕，苏州2020年7月，讲座"苏州缂丝的前世今生"。

3. 袁芳：北京画院齐白石国际艺术研究中心年会研讨会，线上2020年11月。报告题目："父子情深　文博佳话——从齐子如的文博生涯探究其对齐白石艺术作品传播的影响"。

4. 周晓晶：故宫博物院"紫禁城建成600年暨中国明清史国际学术论坛"，北京2020年10月。报告题目："辽宁丹巴多尔济墓出土文物"。

科研项目

1. 辽宁省社会科学规划基金项目："唐代石刻所见契丹史料的整理研究"，负责人：么乃亮，研究中。

2. 辽宁省社科规划基金项目："一带一路"背景下对辽宁省博物馆藏敦煌写经的整理与研究，负责人：郭丹，研究中。

3. 辽宁省社会科学联合会课题项目："辽宁省博物馆藏缂丝研究"，负责人：朴文英，研究中。

清代　姜筠　雪径探春图

综合管理

◎ 安全保卫

◎ 人事管理

◎ 财务管理

◎ 后勤保障

安全保卫

2020 年，安全保卫部依据年初制定的安全保卫工作目标，结合安保工作变化实际，全面完成了各项安全保卫工作任务，有效地保障馆内各项业务工作的安全有序推进和开展，全年未发生安全责任事故。安全保卫部荣获“2020 年沈阳市企事业单位安全保卫工作先进集体”，副主任常守文同志因在疫情防控工作中表现突出，荣获“2020 年度沈阳市盛京义勇平安志愿者鼓励奖”。

一、文物安全管理

（一）展览开放安全

切实加强展馆开放期间的安全管理，着重加强参观观众的安全检查，最大限度降低了安全隐患。做好开放区域的安全巡查和观众服务工作，全年确保展出文物安全。

上半年受疫情影响，观众量有较大幅度下降，安全保卫部带领安保服务团队统一思想，坚持底线思维，杜绝松懈、麻痹心态，积极开展疫情防控和安全防范工作。

同时，按照上级部门和疾控部门要求对馆内各分区进行安全管控，观众参观采取网上预约，入馆要求出示“两码一证”，结合体温检测，疫情高风险地区还需出示 14 天出行码和 7 日内的核酸检测证明方可入馆，严格执行保卫部防疫指令，展区各岗位安保人员提示观众参观全程佩戴口罩。

（二）文物布（撤）展安全

按照展览计划，密切配合相关部门做好各类展览布（撤）展工作，保证布（撤）展工作安全、有序。

展览开幕式和夜场活动，安全保卫部细致规划岗位，组织部署安保人员，落实岗位责任，确保两项工作平稳有序推进，圆满按时完成。

二、施工安全管理

安全保卫部组织安保力量做好馆内各区域改造施工、建筑维修、养护等工作期间的安全保卫工作。

三、日常安全管理

（一）地下文物库区

建立地下文物库区安全设施、设备检查制度，每半个月进入文物库区进行全面的安全巡查，并填写巡查工作记录。

（二）文物保护区

安全保卫部对投入使用的文物修复室和部分存放文物的工作室进行实时确认和跟踪，加强局部区域的门禁控制和报警、监控力度，确保文物安全。

（三）突发事件处置

制定突发事件处置预案，有效处置各类电梯困人、观众突发疾病等突发事件，通过快速有效地处置突发事件，避免了观众人身和财产受损。

（四）积极开展防风、防汛工作

提前安排部署，落实防汛物资，要求安全保卫部进一步细化防汛应急预案，加强各岗位预案演练，密切关注台风走向，严格执行值班值守制度。由于准备工作充分，各岗位人员落实到位，确保了今夏汛期总体安全。

四、技术防范系统维护保养工作

（一）安全防范系统

我部与维护保养单位驻馆技术人员就安防主体系统的维护保养工作进行了充分沟通，并制订了详细的维保计划和保障措施，极大地提高了安防系统运行的安全性和可靠性。

（二）消防系统

组织相关人员细化了维护保养具体需求和维护保养方案，切实提高消防系统安全稳定运行的可靠性以及应对突发事件的能力。进一步完善消防系统维护保养验收程序，加大维保服务监督力度，促进维护保养工作高效有序开展，形成了积极务实的工作局面。

01

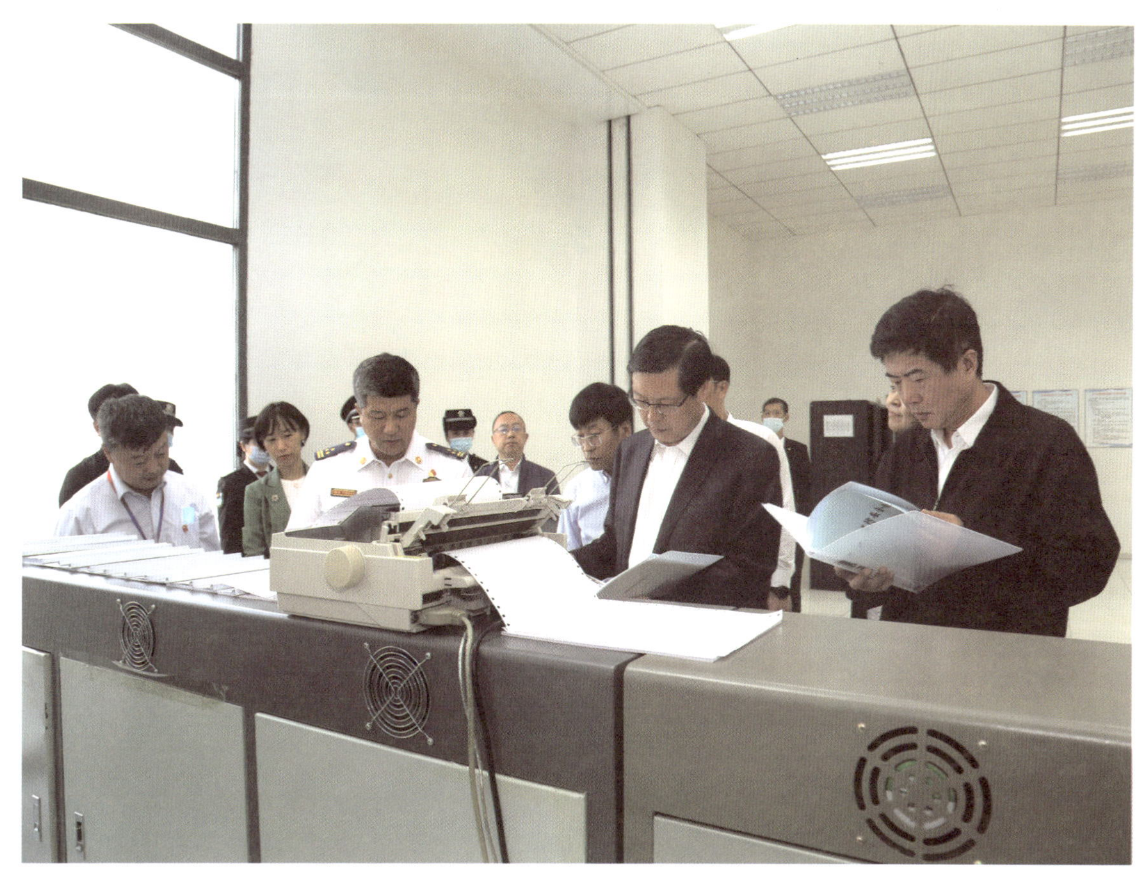

02

01、02 沈阳市副市长高伟来馆检查消防安全工作

01 

02 

五、制度建设与培训演练工作

（一）制定了《辽宁省博物馆安防系统维护保养服务监管方案》《辽宁省博物馆文物运输管理规定》，并对《辽宁省博物馆消防安全应急预案》进行了修改和完善。

（二）先后两次邀请消防教官来馆为全馆职工做专题消防教育培训讲座，普及了火灾预防知识，提高了全体职工的消防安全意识和消防疏散逃生能力，培训工作取得了实效。

（三）安全检查实现制度化、常态化，全年开展各种形式的安全检查 12 次，及时发现和消除了安全隐患，为全年安全生产零事故奠定了良好的基础。

（四）重点加强对各基础安保岗位的培训和演练工作。先后组织各类安全培训 52 次，组织灭火器、消火栓扑救早期火灾演练、展厅紧急停电人员疏散演练、展馆防暴演练和应急测试等 21 次，达到了火灾预警、多方通讯、紧急响应、联动控制等科目的演练目的，取得了比较理想的效果。

03

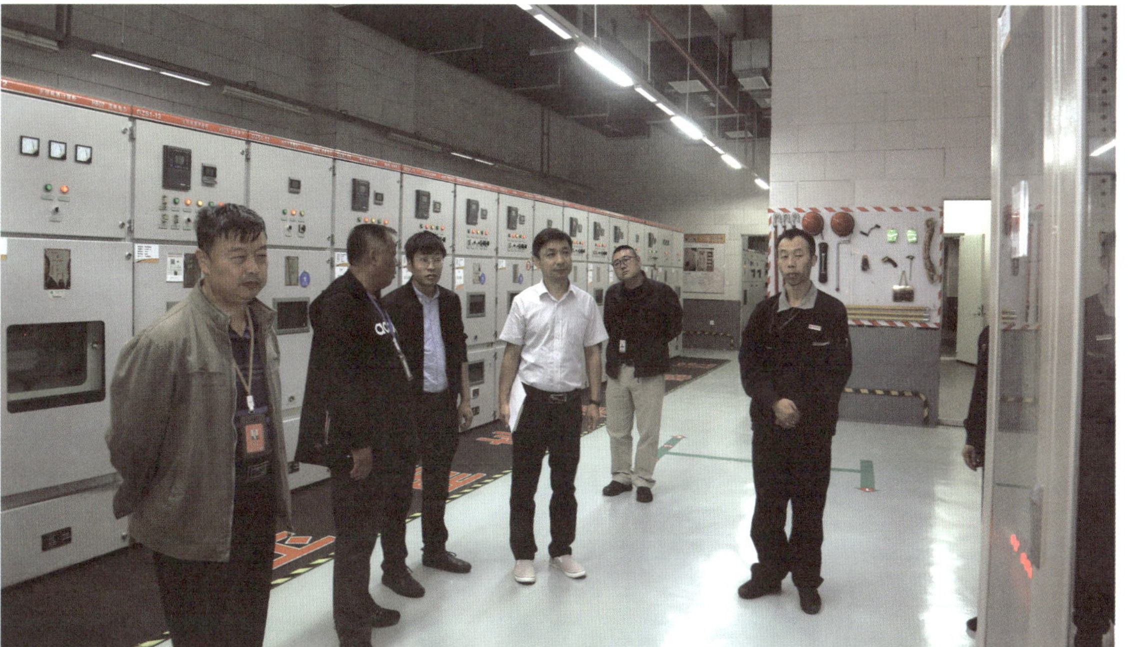

04

01、02 第二季度消防安全培训
03 检查食堂灶间用火安全
04 检查变电所设备运行情况

01

02

03

六、其他工作

（一）圆满完成10次各类业务活动、展览开幕式、重要接待工作的安全保卫任务。

（二）完成6次文物押运期间的安全保卫工作。

（三）积极开展广泛的馆际业务交流。安全保卫部先后赴开封市博物馆、苏州吴中区博物馆、上海航海博物馆学习调研。另外，今年还陆续接待中国国家博物馆、湖南省博物馆及抚顺市博物馆等文博单位组织来我馆参观考察。

04

05

06

07

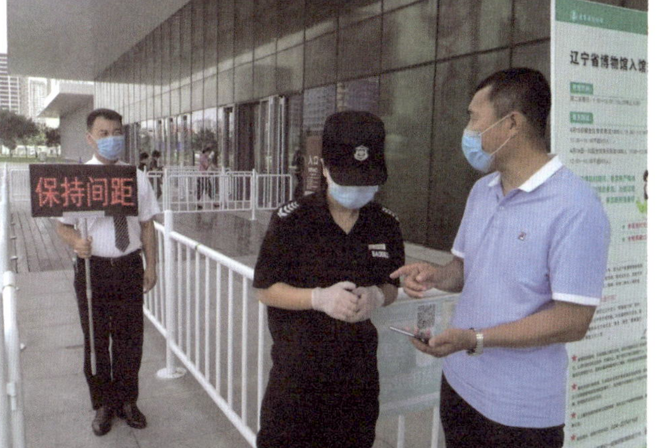

08

01~03 与属地全运村消防中队举行联合演练

04、05 参观入口安全检查

06、07 严格执行疫情防控标准

08 向观众宣传疫情防控知识

01

02

03

04

05

06

01 重要展览开幕式的安全保障工作
02、03 加强安全设备维护和保养，确保安全可靠运行
04 认真检查消防喷淋系统设备
05 检查消防监控中心人员值守状态
06 重要接待的安全保卫工作

人事管理

一、队伍建设

（一）人员情况

我馆目前共有在编人员 112 人，编制外人员 54 人。2020 年，辽博调入 2 人，调出 2 人，退休 3 人，1 人因病去世。年内完成劳动合同续签 40 人。

（二）岗位聘任

根据集团统筹安排，本年度共完成 8 人晋升上一级岗位聘任工作，其中管理岗位 3 人聘任，专业技术岗位 1 人聘任，工勤岗位 4 人聘任。同时完成符合专业技术三、四级岗位晋升条件 5 人推荐工作。

（三）职称评定

2020 年，辽博 6 人获得专业技术任职资格，其中高级职称资格 4 人，中初级职称资格 2 人，进一步提升了我馆专业技术人才结构。

二、人事管理

为提高科学管理水平，适应当下博物馆发展需求，2020 年度，辽宁省博物馆健全和完善相关制度建设，制（修）定了党建、人事管理、文物征集等新制度 13 项，有效提升了管理运行能力，确保各项工作顺利开展。

三、人才培养

（一）业务培训交流

1. 馆内培训

2020 年 9 月 21 日，召开由辽宁省博物馆主办的“融境——浅析中国艺术的展览与传播”专题培训讲座，主讲人：吴洪亮（吴洪亮，学者，策展人，北京画院院长，北京画院美术馆馆长，齐白石纪念馆馆长，中国美术家协会策展委员会副主任兼秘书长，北京美术家协会副主席，中国博物馆协会美术馆专业委员

01

02

03

04

01、02、05『融境——浅析中国艺术的展览与传播』专题培训讲座

03、04、06『中国美术史的宏观观察』专题培训讲座

05

06

会副主任）。本次培训面向全馆职工，共 40 人参加培训。

2020 年 9 月 16 日，召开由辽宁省博物馆主办的“中国美术史的宏观观察”专题培训讲座，主讲人：尹吉男（尹吉男，美术史家，中国古代书画鉴定专家，当代美术批评家，中央美术学院党委常委、院学术委员会常务副主任。中央美术学院教授、博士研究生导师，现任广州美术学院图像与历史高等研究院院长兼艺术与人文学院院长）。本次培训面向全馆职工，共 55 人参加培训。

2. 馆外培训

培训班名称	培训时间	主办单位	参加人员
旅游景区开发与文化遗产保护人才培训班	1月5日—1月13日	文化和旅游部人事司	于飞
中国科学院大学博物馆展陈艺术培训班	9月13日—9月17日	中国科学院	王鑫
阜新文化服务中心培训	9月17日—9月17日	阜新公共文化服务中心（阜新市博物馆）	廉薇 佟美玲 辛宇萌
新型技术在文化遗产保护的研究与利用研修班	9月24日—9月29日	国家文物局	惠学军
2020年全国文物新闻宣传培训班	10月20日—10月23日	国家文物局、中国文物报社	孟繁宁
2020年文化和旅游创意开发人才培训班	10月26日—10月31日	文化和旅游部	王小允
书画类鉴定人员培训班	11月21日—12月5日	国家文物局	徐沂蒙

（二）高端人才培养

1. 4 月 29 日，为进一步加强全省可移动文物保护工作，促进可移动文物保护项目实施，提升全省博物馆管理和可移动文物保护水平，根据辽宁省文物局《关于建立全省可移动文物保护专家库的通知》，我馆刘宁、戴洪文、刘韫、周晓晶入选可移动文物保护专家库博物馆管理方向专家；刘宁、戴洪文、张桂莲、王亚平、朴文英、由智超（退休）入选可移动文物认定定级方向专家；申桂云、刘博、由智超（退休）入选可移动文物技术保护方向专家。

2. 7 月 13 日，根据省人社厅《关于开展 2020 年度辽宁省“百千万人才工程”人选推荐选拔工作的通知》（辽人社明电〔2020〕84 号）要求及集团工作部署，我馆推荐么乃亮同志申报“千”层次人选，王忠华同志申报“万”层次人选。12 月 31 日，经省人社厅公布，么乃亮入选辽宁省第十四批“百千万人才工程”“千层次”人才；王忠华入选辽宁省第十四批“百千万人才工程”“万层次”人才。

3. 7 月 17 日，根据省文旅厅《辽宁省文化和旅游厅关于组织推荐文旅融合发展专家库成员的通知》要求，为促进我省文化事业、文化产业和旅游业科学发展，充分发挥专家的研究、咨询、评审和指导作用。我馆刘宁、张桂莲、申桂云、刘韫、刘博、戴洪文、朴文英、周晓晶、陈术实、由智超（退休）、王亚平、孟繁宁十二名同志入选“文旅融合发展专家库文博类成员”“文旅融合发展专家库文创产业类成员”。

4. 9 月 21 日，为贯彻落实省委宣传部《关于推荐选拔第八批辽宁省文化名家暨“四个一批”人才的通知》（辽宣干发〔2020〕16 号）精神，结合集团工作部署，为了推动辽宁振兴发展，推动全省文化繁荣兴盛提供有力的人才支撑。我馆推荐董宝厚同志申报第八批辽宁省文化名家暨“四个一批”人才。10 月，经省委宣传部审批，董宝厚同志入选第八批辽宁省文化名家暨“四个一批”人才。

01

01 召开 2020 年馆人才培养与发展专项会议

01

02

四、老干部工作

2020年10月20日，重阳节之际，辽博召开老干部座谈话，听取了老干部对“十四五”规划和我馆发展的意见和建议，并组织老干部到中国沈阳工业博物馆参观。活动后，老干部自发作诗抒情，制作小视频记录下活动精彩瞬间。

01、02 退休老干部座谈会及合影

03 退休老干部5人参加省文化演艺集团组织的抗美援朝主题作品展

03

01

2020年11月17日，退休老干部5人参加集团组织的抗美援朝主题作品展。赵洪山、关玉多、张春洁3人书法作品参展，金桂琴、李石杰2人绘画作品参展。

雄赳々氣昂々跨過鴨綠江
保和平為祖國就是保家鄉
中國好兒女齊心團結緊抗
美援朝打敗美國野心狼
遼寧省博物館趙洪山八七叟書於盛京

02

03

01～03 退休老干部5人参加省文化演艺集团组织的抗美援朝主题作品展

财务管理

2020年，财务资产部在省文化演艺集团（省公共文化服务中心）的指导下，在馆领导的领导下，紧紧围绕年初制定的工作目标，全部门的同志团结一致，积极进取，努力完成各项工作。

一、认真做好本年度各项财务数据、信息申报工作，确保财务数据精确

按照省财政厅的要求，按时完成了本年度我馆内控报表的编制报送工作、在编及离退休人员财政供养信息的申报工作、本年度政府财务报告编制报送工作、本年度资金压减工作报表等相关工作。

二、严控“三公经费”支出，确保符合政策使用

按照省财政厅及省文化演艺集团（省公共文化服务中心）的要求，财务资产部高度重视、认真贯彻落实中央八项规定，严格控制“三公经费”支出，确保“三公经费”无超支现象发生。

三、加强制度建设，规范各项支出管理

（一）修改完善本馆财务资产部各项财务制度，修改完善本馆各项内控管理制度（财务部分），严格执行各项财务管理办法，严格履行各项财务审批程序，特别是各项大额支出、项目支出，均按照资金使用用途及项目实施方案执行，确保专款专用。

（二）认真落实“三重一大”集体决策制度，杜绝非集体决策现象发生。认真执行资金请示审批程序，资金（5万元~30万元）以上严格履行申报审批程序；大额资金（30万元以上）严格按照政府采购程序执行，确保资

01

02

金正规合理使用。

四、合理安排经费支出，保证资金使用规范

认真完成日常经费的使用和核算工作，严格按规定审核差旅费、“三公经费”等支出范围，坚持务实节约、严格透明的原则，合理控制各项费用支出，积极推进厉行节约、反对浪费各项规定。

五、加强自学，努力提高专业水平

按照新政府会计制度的相关要求，组织部门工作人员努力学习掌握新制度、新内容，保证新政府会计制度的顺利执行。

03

04

01~04 日常财务工作照片

01 

六、合理使用各类专项资金，保障博物馆免费开放及相关各类业务工作的顺利开展

依照省财政厅批复的本年度各项专项资金（免费开放资金、央地共建资金、文物征集经费等）额度，对照资金配比的额度及相关项目，合理使用各类专项资金，充分发挥资金的使用效率，确保我馆免费开放及相关各项业务工作的顺利开展与进行。

七、认真完成2021年度财政预算的编制申报工作

按照省财政厅的统一安排与部署，认真完成 2021 年度财政预算的编制申报工作。

01 日常财务工作照片

后勤保障

2020 年，后勤保障部履职尽责，在做好馆区新冠疫情防控工作前提下，扎实推进部门各项工作开展，不断提升我馆后勤保障服务管理水平，较好地完成了部门全年工作任务。

一、疫情期间保障工作

积极响应上级号召，深入落实疫情防控期间各项规定。为满足疫情防控需求，积极协调防疫物资采购、发放，及时用于馆内疫情防控工作；对馆内公务车、通勤车内部空间、设施、设备每日定时消毒，同时对司机定时体温检测。

于展览区入口处安装自动测温系统并配备速干消毒液、口罩，在安检处设置了隔离室，配备了防护用品，用于突发事件的第一时间处置；在中央空调系统中安装了 20 台自动消毒装置，用于馆内公共区域空气全面消杀；细致做好展区和办公区公共区域的消毒工作。办公区公共区域每日开窗通风 2 次，每次时间不少于 1 小时。上班时间公共区域每日 2 次使用 84 消毒液（按比例稀释）喷洒消毒，楼道、食堂、卫生间、电梯及扶手、门把手、水龙头、灯具开关等重点区域和重点部位消毒，并根据实际情况增加消毒次数。

二、日常维护与运行工作

在“唐宋八大家主题文物展”开展前，我部积极协调各部门，加班加点完成各位来宾到沈时间的确定，顺利完成接机、送机时间的编排，同时与客运公司沟通，预定相应数量、频次接送车辆，较为圆满地完成了“唐宋八大家主题文物展”的前期准备与开幕式的后勤保障工作，完成国内各博物馆、文博系统领导的接待工作，得到文博

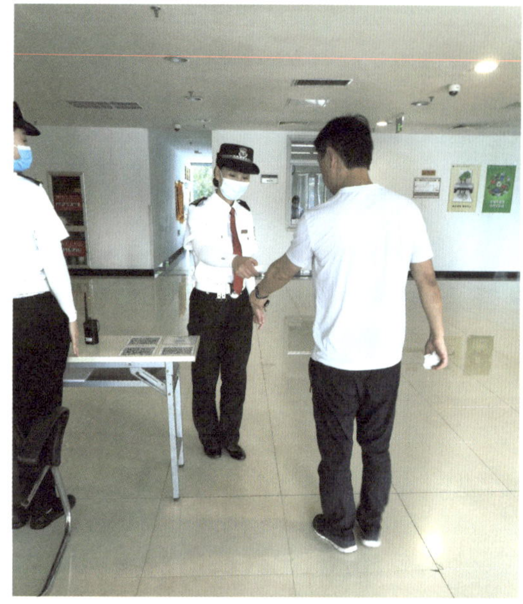

01

02

03

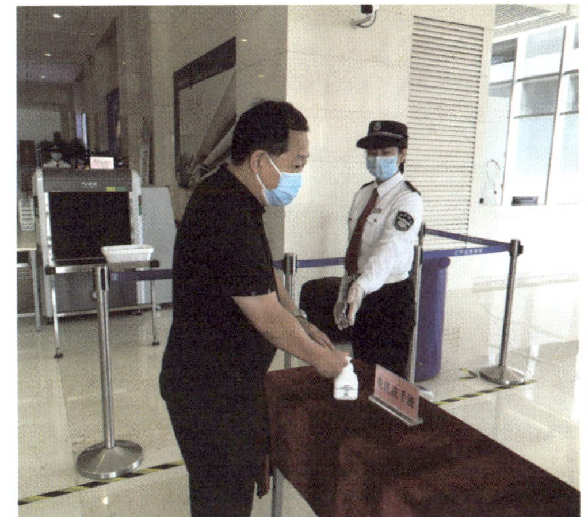

04

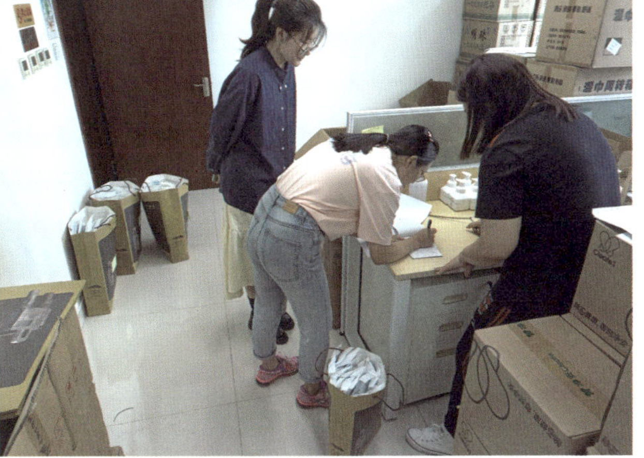

05

06

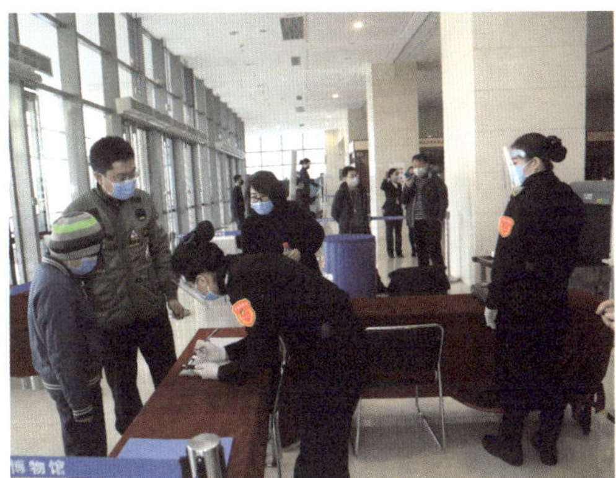

07

08

09

01 保安防疫工作测体温
02 清洁会议室
03 清洁公共区域
04 观众进馆进行消毒
05 发放职工防疫用品
06、07 3月24日恢复开馆第一天
08 督促观众进馆戴口罩
09 做好日常保洁工作

界同人的一致好评。

完成馆区内各系统设施设备日常运行维护、保养工作，如恒温恒湿系统、展厅艺术照明系统、展区与办公区空调系统、弱电控制系统、电梯系统、制冷站系统、锅炉系统等，并有计划地进行下一年度上述各项维保的申请工作；完成了馆周界区域绿植补栽招采工作；与地铁建设公司（博物馆段）结成共建单位，为美化博物馆周边环境，公司支援我馆7株银杏树、9株松树（树龄均30年以上），支援桃树苗30余株，并派专业工具车、人员协助我馆完成了树木栽种。

做好办公用房的整改工作。自收到辽宁省文化演艺集团下发关于办公用房整改通知之日起，根据馆领导的指示与安排，用时15天顺利完成办公用房区域划分、隔断及整改工作，同时完成配合办公用房整改工作中涉及的其他工作，如标识门牌的更换、馆领导休息室的封闭、增加安装窗帘等工作，为规范各项工作奠定了基础。

完成各项常规工程及零星工程的申请与施工管理工作，如展厅地面理石结晶、展厅花卉租摆、展厅地胶更换、馆区玻璃幕墙贴膜、

01 恒温恒湿系统维保人员工作

02 电梯维保人员检修电梯

03 为办公区域消毒

04 制冷站系统维保人员工作

05 锅炉系统维保人员工作

01

02

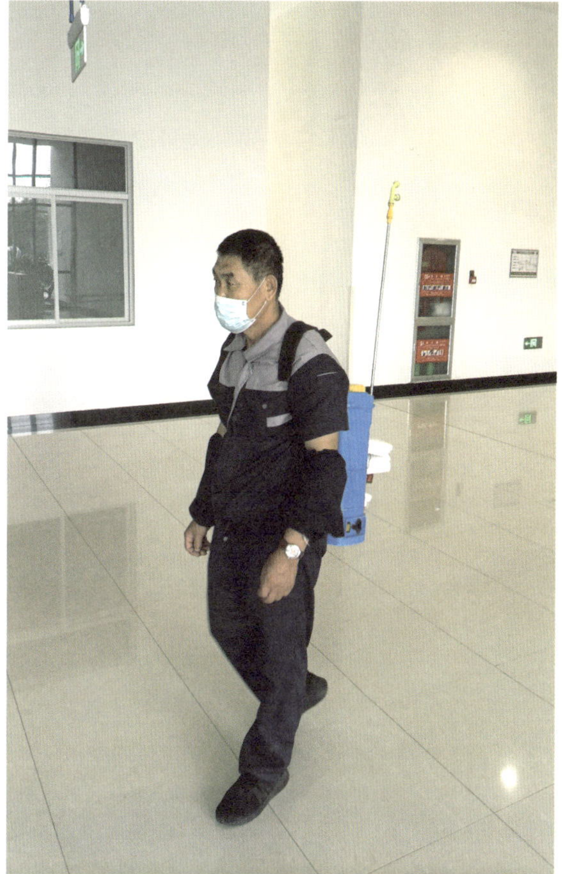

03

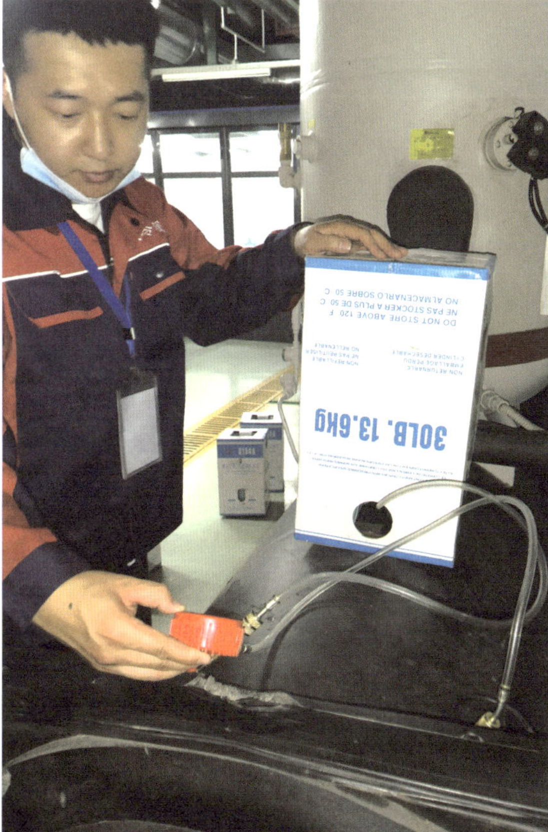

04

05

01

02

03

04

01 公共区域理石地面结晶工作
02 馆区绿植租摆
03 馆区绿植补种
04 馆区周界下水清掏工作

01

办公室窗帘纱窗更换维修、电梯变频器更换、展厅大门维修、防腐木通道更换、文保区特种锁芯更换、变电所检测打压、展厅强电间及变电所 EPS 应急电源及蓄电池更换、环岛南侧大屏幕电缆铺设等，完成馆内各项工程日常维修工作，收到通知及时维修达两千余次。

做好公务用车管理、运行及保养工作，严格执行用车、派车制度，做到定点加油、定点维修；做好物业公司保洁、工程、职工餐厅的监管工作；做好年度节能减排、垃圾分类，细化相应能源管理措施，上报节能减排数据。

认真做好汛期各项准备工作。在夏季台风“巴威”来临前，我部组织相关人员进行设施设备、文物库区及各重点区域隐患排查，发现隐患及时处理。

三、政府采购及固定资产管理工作

在政府网上商城采购各部门所需的办公用品、耗材及固定资产，并完成相应物品的申请、采购、进（出）库管理工作；加强固定资产管理，建立健全规章制度，认真做好资产登记、入账、调拨、报废工作，做到账物相符，为固定资产清查做好准备；与财务资产部共同完成 2019 年度我馆固定资产年报工作，并于 2020 年年底完成全部跨年度维保项目费用的验收与支付工作。

02

03

04

05

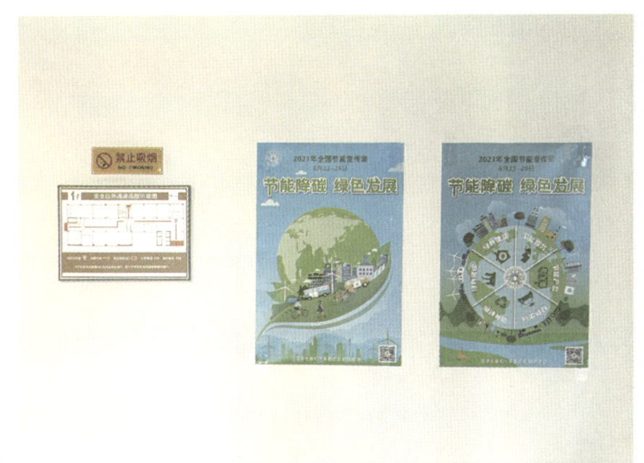

06

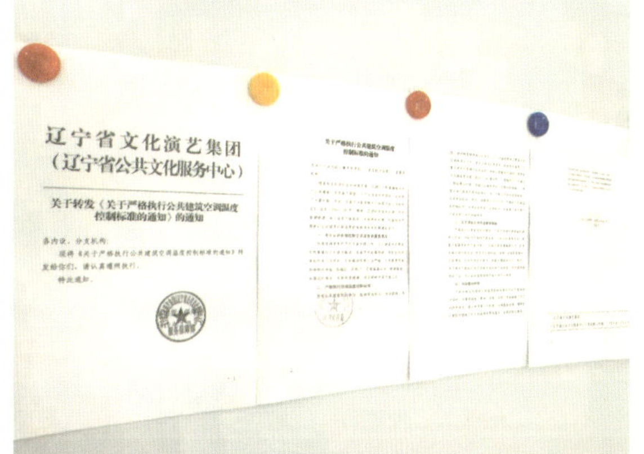

07

08

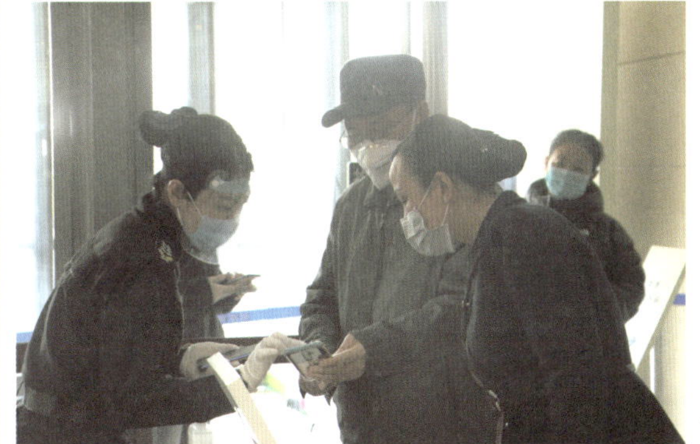

09

10

11

12

01 西侧正门防腐木通道改造工程
02~05 电子屏防疫信息宣传
06、07 节能减排工作宣传海报与制度公示
08、12 做好疫情期间保障工作

遼寧省博物館

2020